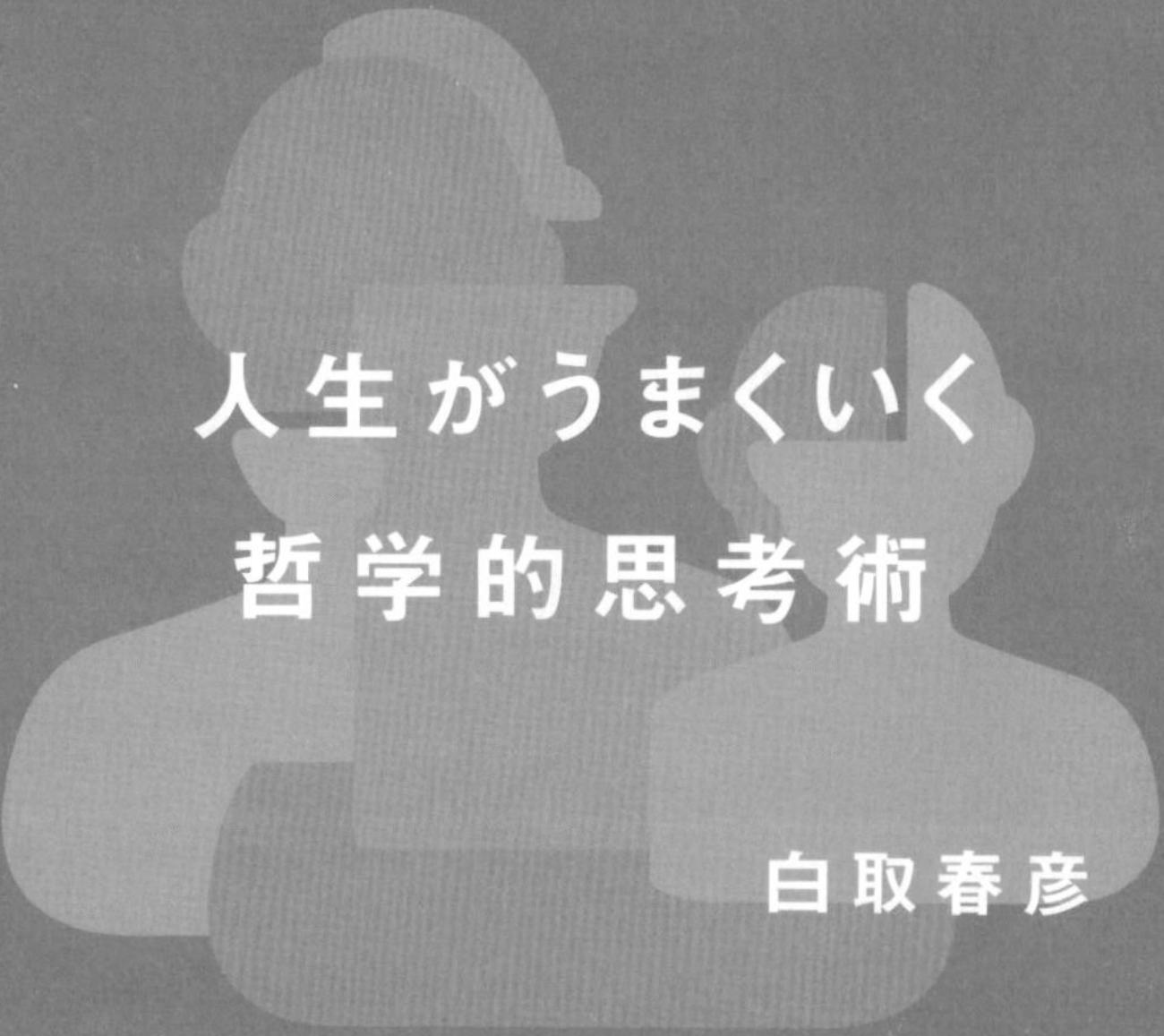

人生がうまくいく哲学的思考術

白取春彦

Discover

はじめに

私は、仕事とはまったく関係がなく、単純に自分自身の興味と楽しみから哲学関連の書籍を読む。

勉強するつもりなどなく、無音の場所で、あるいはジャズを聴きながら、赤い革を張ったソファの上で漫然と頁を繰るのである。

すると、やがて凪《な》いだ夜の海に静かに漕ぎ出したボートのオールの先に夜光虫がきらめくように、頭の中に数々の星々がさんざめく。

それは一種のインスパイアの萌芽《ほうが》なのだろうが、そのときの刺戟感覚が好きなのだ。たとえば、こんなふうな文章に遭遇するときにそれが起こる。

「顔は、からだの魂である」（丘沢静也訳）

「どんな言葉でもそれぞれのにおいを持つ。そして、におい同士の調和、不調和があるように、言葉同士にもそれがある」（中島義生訳）

「人は星をわがものにしようと思わない。星の美しさを喜ぶだけだ」（金森誠也訳）

「未知の動物を観察しても、こうした動物の中で働き、支配している法則は理解できないのと同じように、セザンヌを見知っていた人々の証言は、彼が出来事や経験に加えた変容を見ぬいていない」（中山元訳）

「わずかなことがわれわれをなぐさめるのは、わずかなことがわれわれをなやますからである」（由木康訳）

これらの文章の原語は外国語なのだが、翻訳されても詩的表現の美しさが感じられる。ということは、内容そのものに美しさと意味が含まれているということだろう。

ちなみに、種田山頭火《たねださんとうか》の有名な自由律俳句「まっすぐな　道で　さみしい」は、英語圏では「This straight road, full of loneliness.」と訳されているのだが、私はこの英訳のほうが瑞々《みずみず》しい感じが日本語よりも強く浮き立っていて印象がいっそう強いと思う。

言葉というものは、漫然と文法通りに使っていても、美しくはならないし力を持たない。つまり、人の耳をかすめはするが、人の心に入らない。

人の心に入り、その人になにがしかを考えさせ、その人の人生を少しでも変えていくような言葉は、練りに練られた思考、あるいは深い人生経験、あるいは深い孤独と深い愛を知ってきた人の筆から出てくるものではないだろうか。

そういう言葉が詩集にも、また哲学関連書に多く散見されるので、私は自分へのある種の慰みとしてそれらを読むのである。

吐露《とろ》してしまえば、私は哲学書を思考と人生経験の芸術だと思っている。論理の正確さだの思考体系だの真理の探究ではないと思っている。

なぜならば、論理的に正しいだの誤っているだのは、数学のような人工的な次元でしか意味を持たないと考えるからである。

人生について考えることは、重要度において論理のような人工的なものをはるかに越えた事柄ではないだろうか。

もし、人の生き方を論理と効率性で割り切って考えてしまうのならば、結局のところは経済的損得勘定になってしまうだろう。そんな味気ない虚無主義的な人生を、私個人は人生と呼びたくない。

この世にはうんざりするほど多くの書物があり、哲学書も一生読んでも読みきれないほどではないかと危惧するほど多い。

そのすべてが素晴らしいわけではない。有名な古典だけれど、どうしようもないほどくだらない哲学書もある。反対に、小さいけれども素敵な哲学書もある。

本書はその中のごく一部をひとつまみだけ借りてきて、わたしたちの生き方にからめてなにがしか書いてみたものだ。

もうすこし勇気を出して言ってしまえば、わたしたちが生きるにあたって何かの助けになるようなヒントの種を埋めたものだ。

しかしながら、たぶん、本書に書かれていることは、ふつうの生活をしていてなかなか聞くこともなかった考え方や価値観であることが多いだろう。しかしそうだからこそ、わたしたちにとても新しい発想と洞察力をもたらしてくれるだろう。また、そこから自分の人生を望ましい方向へと再出発できるだろう。

そういう効果が充分に現実となるために、この前書きを通じて私が読者に望むのは次のたった一つのことだ。

とここまで記して、最後の一行を書こうと思ったら、フラノのよれよれのジャケットばかり着ていたケンブリッジのヴィトゲンシュタインがすでに一九四七年の春にメモしてあった。それを代わりに引用しておく。

「文章は、正しいテンポで読むときだけ、理解することができる。私の文章は、すべてゆっくりと読まれるべきだ」(丘沢静也訳)

第3部 ニーチェが教える力強い生き方

第1部

本当に幸福な生き方

1 「幸福」や「成功」という言葉に惑わされない

人生というものは子供の頃に漠然と想像していたものとだいぶちがっているなという感想を抱いている人は少なくないだろう。人生はけっして単純ではないし、能天気に渡っていけるものでもないからだ。

子供のときに考えていた絶対的な正義とか善悪といったものも大人になってみればいよいよ見出せなくなっている。

価値観の相対化があたりまえになった現代だからそうなのか、それとも純粋な観念は絵空事、もしくは庶民には理解できない学問上だけのことなのか。

幸福ですら、今はなつかしい記憶の中に浮かぶ数葉《すうよう》の写真のように遠い。あるいは、幸福などというのはたんに金銭の多さだけからのみ生まれるものなのか。あるいはまた、幸福をはじめとしてわたしたちが求めているものは一種の蜃気楼《しんきろう》なのか。

観念にとらわれると不幸になる

幸福はともかく、不幸になるのは難しくはない。現実になすべき事柄を放り出して意味の曖昧な観念や概念を追い続けるならば、確実に不幸になる。

ところで、ここに記した不幸も幸福も、意味のはっきりしない観念だ。言葉のみ輝きをまとって宙空に浮いている。そして、いつまでもその真の意味は濃い霧の中だ。

もちろん、幸福とは健康、財産、運などに恵まれることだと断定する人もいる。では、病人は不幸なのだろうか。裕福でないのは不幸なのだろうか。生涯にわたって宝くじに当選することのなかった人は不幸なのだろうか。

真理という言葉もまた観念にすぎない。真理の意味など、大昔から今まで誰も明確に述べることができなかった。一般的な用法での正義も観念そのものだ。美も観念だ。

善も観念だ。永遠も観念だ。いかにも美しく見える言葉の多くが観念語だ。

人はそういった観念語をみだりに使って、自分が心中で画策している欲得をラッピングしてしまう傾向がある。たとえば政治家は、観念の言葉を中心に置き、自分がいかにその観念を現実化する力があるかをアピールするという手法を使うのだ。

また、下心ある男性は抽象的な観念語を浴びせて女性を口説く。ぼくの愛がわからないのか。こんなに愛しているじゃないか。ぼくだけがきみを幸せにすることができる。運命がぼくたち二人を引き合わせたのだよ。

「成功」も「幸福」も実体はない

ビジネス界に蔓延している観念語は「成功」と「失敗」だ。

ビジネスマンたちはこの脅迫的な観念語のために一喜一憂し、人間的な生活を削っている。そのハードな日々に追い打ちをかけるように、ビジネス書はこの成功と失敗という観念がいかにも現実そのものの評価であるかのように語る。

観念語を組み合わせた文章もビジネスマンたちを悩ませる。その最大のものは、「資本主義とは利潤の追求である」だ。この観念的な定義は現実にそぐわない。

なぜならば、実際に利潤の追求がなんら停滞なく実行され続けるならば、ある一企業だけが全世界の金銭と可能性を集める状況になり、その進行の途中から世界は加速度的に破滅に向かうからだ。あげく、その企業の社員も残らず餓死するだろう。

だから、「資本主義とは利潤の追求である」という妙な定義は一種の諧謔《かいぎゃく》か、幻を描くための下手な詩的表現とみなすほうが妥当かもしれない。そうでないと、こういった表現につかまったが最後、精神的にも窮地に追い込まれてしまうだろう。

仏教界で修行者たちを悩ませている観念語の代表的な一つは仏性《ぶっしょう》だ。仏性とは、悟りを開く可能性といったほどの意味だ。この観念語にとらわれた修行僧は禅師に、犬にも仏性があるのだろうかと真面目に尋ねたりする。

こういう質問自体が愚かなのは、観念語がなにかリアルな事柄をそのままに意味しているからだ。成功とか幸福を追い求める人も同じだ。成功するための条件や幸福になるための条件があると思い込んでいる。あるいはまた、そういった深遠に見える観念語には特別な意味がひそんでいるにちがいないと思い込んでいる。そして自分なりに探索をするのだが、見出されるものはなく徒労に終わる。そして人生も終わる。

観念について考えるのは時間の無駄だ

哲学者たちも同じ徒労をくり返してきた。たとえば、あの有名なソクラテスだ。ソクラテスはいろんな人々としつこく問答をすることによって真善美とは何かということを追究してきた。けれども、結果はどうだったか。きらめく数々の観念や概念の中身のこれっぽっちも明らかにされなかった。

たとえば、ソクラテスが美少年二人と友情について議論する『リュシス』（プラトン著）という短めの対話篇が残されているが、結局は友人とは何かということについて輪郭さえも定かにされず、とりあえずの結論も出ないままに終わるのである。

確かにいろいろと考えることはたいせつだ。また考えることで学問が拡大発達してきたわけでもある。しかし、やはりあれこれと自己流に考えるだけで人生を終わらせるのは、閑暇《かんか》をもてあましていて人生を棒に振ってもいいという覚悟を持った人にしかできない遊びでしかないだろう。

だから、ヴィトゲンシュタインは一九三一年の七月末のメモにこう記している。

「ソクラテスの対話を読むと、こんな気持ちになる。なんと恐るべき時間の無駄！なにも証明せず、なにも明晰にしない、これらの議論は、なんの役に立つのか」（丘沢静也訳）

たった一つの正答などない

わたしたちが目を覚まさなければならないのは、いくら観念や概念の中身を追い求めたところで、期待していた恒常的な正答、すなわちワンサイズの答えなど最初から存在しないということだ。ワンサイズの洋服だけ売る店がないように。

もし、真理とは何か、真善美とは何か、といった事柄についてたった一つの正答があったとしよう。そして、その正答が発見されたとしよう。すると、どうなるか。

思考実験をしてみればすぐわかるはずだ。わたしたちは脱力するだろう、また曖昧《あいまい》でこのうえなく混沌としていたこの世界が、一瞬で無意味な茫漠《ぼうばく》とした世界になるだろう。

今のよくわからない状態はもどかしいものではあるけれど、霧の中を歩くように神秘的な状態でもある。しかし神秘的ということは、人にとってこのうえなく魅力的だということでもあるのだ。

また、わからないからこそ、自分が生きてみる価値が見出せるというものだ。他人ではなく、この自分が実際に生きてみて初めて、昔から言われてきた幸福だの真理だ

の永遠の美だのといったものの回答内容を自分の人生をもって埋めることができるからだ。

それ以上におもしろいことが他にあるだろうか。学者が頭で考えた価値や意味に合わせた生き方など生きるに値しないだろう。だから、わたしたちはこの今を泣き笑いしながら生きるのだ。それ以上の幸福がどこにあるだろうか。

こう考えてみよう

人生の意味などわからないからこそ、自分が生きる価値が見出せる。

2

迷いながら生きる

強く生きるとはどういうことか、どう生きることか。肉体的に頑健《がんけん》であると同時に精神的にしたたかであることか。あるいは、人も羨《うらや》むほど物や金や運に恵まれていることか。

「ゆるがない」のが強いのか？

信念を持って強く生きているように見える人は、おそらく一つの観点からのみ世界を眺めている。そして、その一つの見方、一つの解釈で、物事にあたっている。だから、ゆるがない。ぶれない。その態度は強い。

しかし、一つの観点から物事を見ようとせず、あれこれと他の観点を参考にしたりする人はゆらぐことが多い。しばしば、迷う。判断ができずに悩む。そういう人に思いもよらなかった一つの新しい観点を与えてあげると、あたかも縄からほどかれたように悩みから解放されることがある。

このような観点を、別の言い方で呼ぶこともできる。世界観。人生観。信念。信仰。哲学。教条。固定観念。偏見。思想。主義。認識。イデオロギー。等々。

これらの用語はおのおの異なって見えるものの、人を一色に染める点では同じ効果を持っている。また、その人にとっては救いとなる場合さえある。

なぜ、救いとなるのか。一つの観点を固く持ってそこから世界を見渡すことは、固定点を持つことだからだ。固定点を持った人は毎回同じ山頂に立って世界を見ているようなものだ。

悩んでいる人、深く迷っている人は、観点を持っていない。絶対と信じる価値観を持っていない、何を大とし何を小とするかの基準を持っていない、あるいは精神の倫理を持っていない、と言い換えることができる。

観点を持っていないから悩むともいえる。観点があるならば、その山頂からのみ眺めて判断や査定をすればいいからだ。

一般的には、宗教がこの観点の固定点となる。だから、信仰が救いになる。

しかし、信仰が不徹底だった場合はその不徹底さに応じて他の観点が容易に入り込んできて、判断が大きく揺れることになる。

世間の見方など本当はどこにも存在しない

信仰も宗教的信条もまったく持ちあわせていない場合は、自分の住んでいる環境で大半を占めているさまざまの世間的な見方が自分の判断や価値観に影響を与えることになる。

たとえば、会社にいるときはその企業風土に根差した倫理や観点に弱く影響され、身近では上司や同僚の観点に強く影響され、家に帰ってくれば因習や世間の観点に影響されるというわけだ。

もちろん、それぞれの環境での見方が異なっているために、自分としては混迷に陥るか、そのつど風見鶏のような態度でいるしかなくなる。論理と態度の一貫性を求める少年のまっすぐな眼から見れば、そういう人はまるで鵺《ぬえ》のようなオトナだ。

しかし、身の周りの環境にそれぞれの観点があるとはいうものの、それらはそれぞれ確固とした見方のようでありながらも、内実はもろいものだ。

たとえば、世間の見方というもの。そもそも世間一般の見方など、どこにも存在しない。ぼんやりあるように思えたとしても、その内容は慣例や風習と時代の気分を多く含んだそのつどの風潮にすぎない。あるいは、メディアが広めた一過性の流行のようなものだ。

その外側をぎっちりと埋めているのは、他の人々はこう考えているにちがいないという勝手な憶測の果てしない連鎖だ。

迷いながら生きる強さを持て

せんじつめれば、価値の相対化にさらされている現代人は自分の観点を失ってさすらっているようなものだ。しかし、さすらいはつらい。固定点や観点を失ったままでは判断の際の根拠がなくて困るからだ。

そこで、何かを、自分に合うような観点を、あるいは指針のようなものを自覚せずに探し始める。

そのもっとも手軽なものは占いのたぐいだ。占いは古代から続いているものであり、占いはいわゆる迷信にまみれているのだが、利用する側はそんなことは考えもしないというか、自分で考えるという努力をはなから放棄し、ただ占いの示す曖昧な示唆にすがっているにすぎない。

固定点に似た観点や指針を与えてくれそうに見えるものは他にもたくさんある。共産主義が自己崩壊した現代では、民主主義も資本主義もその一つになりえる。

それらはたんなる政治形態や経済形態にすぎないものなのだが、人がそれを信奉することで固定点を持つことと似た力を持つようになるのだ。なぜならば、その観点から見ることによって世界をある程度まで一方的に解釈できるからだ。


一方的な解釈による判断は、要するに独断にすぎない。独断であっても、ずっと主張し続ければ、あるいは多くの人が賛同すれば、それは信念や信条に見えてくるし、思想とか哲学とまでみなされることもある。

多くのカルト本から得た狂気じみた妄想とゲルマン民族の人種的優越性、反ユダヤ主義という独断で世界情勢と世界の歴史を解釈し、それをナチスの思想としたアドルフ・ヒトラーの例もある。

「すべては解釈だ」とニーチェは述べて価値の相対性を強調したが、それから百年以上たった現代に生きる人間も依然として何か頼れるもの、価値の上下を判断できるような固定点を持たないと不安なのだ。

不安だから、なんらかの強力な固定点が欲しくなる。**その固定点を外に求めて自分のものにしようとするか。もしくは、不安を抱えながらも、そのつど一つ一つ自分で考えて判断していこうとするのか。**

どちらが強く生きようとする人の態度だろうか。

こう考えてみよう

不安を抱えながらも、
自分で考えて判断していく。

3 自分の人生を採点しない

若者たちが汲々《きゅうきゅう》としている。小事にこだわり、自分がどう見られているかということを気遣い、ひそかに自分を採点して一喜一憂し、もっと上位に行くためにはどうすればいいのかと模索している。

いや、若者だけに限らない。大人たちもほぼ同じだ。人生の勝利者と人から見られたいと願い、より多くの金銭と一戸建てを持ち、平均以上の裕福な生活を送ることがまともな社会人としての沽券《こけん》だと思い込んでいる。それを得ることができない人を人生の落伍者と見ている。

そういう彼らにとって、人生とは何かを獲得し続けるための戦いの場になるのではないだろうか。生きることとは、命が尽きるまで延々と続く生存戦争に参加するということになるのではないだろうか。

何が失敗で何が不幸なのか、誰にも決められない

ところで、「自分はキリスト教を批判したけれど、自分が好きな人々はみんなキリスト教徒たちだ」と十九世紀の哲学者ニーチェは書いている。また、「みんなが自分にかまってくれておもしろかった」と感謝もしている。

このニーチェのようにおもしろかったと言える人生のほうが、いわゆる成功した人生よりもよいのではないだろうか。なぜならば、何が人生の成功なのか、誰にもわからないことだからだ。しかし、おもしろかったと断言できるのはその本人しかいないのであり、他人ではなく本人が人生への満足を表明しているのだから、これは確実なことだ。

しかし、ニーチェについていえば、悲惨な晩年を送ったと考える人が多い。四十五歳のときに路上で精神疾患があらわになり、その後は妹の介護を受けながら五十六歳

の手前で死んだからだ。いわゆる狂死をしたから不幸な最期だったと世間では思うのだ。

では、狂死は不幸なのだろうか。狂死は苦しみなのだろうか。それを人生の失敗と断定していいのだろうか。狂死は悲惨なことなのだろうか。なによりもニーチェ自身が、自分は悲惨だとか、失敗したと思っているだろうか。

狂死についてばかりではなく、世間の人々の物言いとか考え方はかなり酷なものだ。彼らは勝手に善悪、美醜、貧富、禍福を決めつけている。また、人に対しては地位とか肩書きとか財産がその人の中身をある程度まで表しているものとも思っている。

成功とか失敗という言い方も世間的なものだ。ところがその概念の内容はとても貧しいもので、要するに多く獲得したことを成功と呼び、獲得しなかったことを失敗と呼んでいるにすぎない。

世間の人々は、成功、失敗、幸福、不幸、天罰、といった意味の曖昧な言葉をたくさん不用意に使うことで、意識せずとも自分と他人を比較したり、批判したり、心理的に傷つけたりしているのだ。世間には印刷されていない個々人の毎日の査定の成績表があふれかえっているというわけだ。

世間的な人々の眼には、世界はすっかり出来上がって凝固しているかのように映っているのだろう。そういう彼らの価値判断にしたがえば、病気や事故、身体不自由や死はまちがいなく不幸なことに分類される。彼らはまるで、人間の全員が病気になり、遅かれ早かれ必ず死ぬことを知らないかのようだ。

人生が戦いだというのは現実ではない

そういった世間の価値判断をとりあえずでも自分の思考基準や価値判断として抱いている限り、この人生は途切れのない戦い、苦労と気遣い、思惑のさぐりあいと心配の連続になってしまう。そして、きょうの自分の戦いはどうだったか、人づきあいはうまくいったか、等々、自分を採点するようになる。

そのような日々を送っていると、人は自分に乏しくなっているものをいずれ感知する。それは楽しむことだ。すると今度は趣味や耽溺《たんでき》や酩酊《めいてい》の時間をひそかにつくり、戦いから一時的に逃避するかのようにそこで自分を癒したり、楽しんだりすることを覚える。

しかし、その楽しみと日々の仕事や人間関係での戦いが断絶しているためにかえって以前よりも落差が大きくなり、戦いの苦痛がひときわ強く感じられるようになる。そして愚痴がこぼれでる。あるいは悠々と生きているように自分の目に映る他人をうらやむようになるのである。

人生が戦いになるのも、趣味や耽溺が逃避的な楽しみになるのも、実はそれは現実のことではない。ただ、自分の内側での想像が紡《つむ》いだバーチャルな体験にすぎない。ありていにいえば、本人の脳の中でのことにすぎない。同じ夢を見続け、その中で戦っているようなものだ。だから、そのことに気づいて目覚めさえすれば、現状を新しく打開していく余地がある。

その打開とは、自分の脳を変えることである。それができるのはほかならぬこの自分しかいないのだ。

「脳を変える」方法

自分の脳を変え、人生を戦いの場ではなくする方法はいくつもある。

その一つは自分の認識の仕方をまるごと変えることだ。つまり、今まで抱えていた世間的な価値判断を捨て、これからの日々に起きる事柄をすべてあっさりと受け入れてしまうという方法だ。

具体的には、できる/できない、好きだ/嫌いだ、成功だ/失敗だ、わかる/わからない、得だ/損だ、やや良い/やや悪い、早い/遅い、優れている/劣っている、美しい/醜い、若い/老いている、難しい/易しい、明るい/暗い、軽い/重い、等々といった相対的な考え方と言葉を自分からすっかりとっぱらってしまうことだ。

つまり、自分や他人を含めた現実の事柄に、自分から価値判断の色づけをしないようにすることだ。そうすると、どうなるか。つまらぬ想像がなくなり、恐怖も期待もなくなる。清涼感に似たものが自分の中に生まれ、物事が以前よりもクリアに見えてくるようになる。

こうなると、洞察力と理解力ががらりと転換する。それは自分に明瞭にわかる。今まで凝固していたはずの世界がいつのまにか柔らかくなったようにすら感じられてくる。

たとえば、今までは難事や厄介事としか思えなかった仕事や用事、日々の問題を含んだ事柄が、ある種の興味深いパズル、新しいオモチャのように見えてきて、それらに対処するのになんの抵抗も苦痛もなくなるのだ。

何事についても急に難なく容易にできるようになるというわけではないが、これまで対処のための尽力が苦しみでしかなかったものが、今度は新鮮なおもしろさとして感じられるようになるのである。

なぜ、そういう変化が起きるかというと、自分の手がけるものが世間的なルーティンワークから独自の創造活動に変化したからである。

新しく自分の人生と自分のやり方を創造する

創造とは、一から自分でつくりあげることだ。芸術家は過去の芸術家の真似をしてきたわけではない。新しい芸術を生み出すために、新しい一を置く革新をなしたからこそ芸術家でありえたのだ。

それはいつの場合も最初だけ世間の顰蹙《ひんしゅく》を買うものだったし、非常識とか非伝統的な方法と見られて拒否されるのがふつうであった。たとえば、有名な画家はみなそうだった。クールベ、セザンヌ、モネ、ダリ、マチス、ピカソ、といった面々の創造的な手法を思い浮かべればすぐわかることだ。

わたしたちの多くは芸術家ではないけれども、自分を変えて人生そのものを楽しむためには、同じ方法がもっとも簡便だろう。つまり、従来の世間の価値判断を捨て、新しく自分の人生と自分のやり方を創造することだ。

この創造はいつも新しく変化していくため、世間が従来の価値判断で採点できないし、簡単に測ることもできない。したがって、かつて味わってきたような戦いの苦しみや痛みは生じないようになる。なぜならば、これまでの苦痛は世間の尺度と価値判断による締めつけから生じたものだからだ。

その代わりというわけではないが、創造のつらさというものを味わうようになる。けれども、このつらさには同じ重さ以上のおもしろさと麻薬的な悦びが隠れている。

こう考えてみよう

世間の価値判断を捨て、
自分の人生と自分のやり方を
創造して生きていく。

4 異質なものを排除しない

多くの人は運についてずいぶんと気にしている。運がよかったとか悪かったとか、自分についても他人についても軽々しく口にする。運命というものがあると信じている人は少なくないし、占いなどで運勢がわかると思っている人もいる。

それにしても、運が何であるかはっきりしていない。あるいは、運は何か別の事柄の言い換えか、もしくは人間が陥りやすい心理的錯誤の一種なのか。

運命とは何なのか

イスラム教の聖典コーランを読むと、個々の人間の一生はどんなささいなことであっても何が起きるか、何がどうなるか、すでに天の書物に記されているという。

「地上において起る災厄も、またかれらの身の上に下るものも、一つとしてわれがそれを授ける前に、書冊の中にしるされぬものはない。それはアルラーにおいては、容易なことである」（『日訳・注解　聖クラーン』第五七鉄章）

「アルラーのお許しがなくては、たれも死ぬことはできない、その定められた時期は、（天の書物に記載　白取注）登録されているのだ」（第三イムラーン家章）

だから、イスラム教徒と明日の打ち合わせをすると、「インシャラー」（神の思し召しのままに）と答える。約束通りの日時に来られるかどうかは、神があらかじめ定めた天の書物の記載によるというわけだ。

したがって、イスラム教徒はあらゆる運命がすでに定められていると信じていることになる。ただし、どんな運命であるかアッラーの神以外は知らないのだ。

運命が天の書物に記されているという発想は、アラビア語の「書く」(kataba)という言葉から派生していると思われる。「書く」というアラビア語はその主な意味の次に、「運命を定めておく」という意味をも持っているからだ。

しかも、人それぞれの運命は母親の腹にいるときから性別、寿命の長さ、幸福か不幸かまで詳細に決められてしまっているとイスラム教の開祖ムハンマドは語っていた。

この容赦なき運命論について、レバノン生まれのアラブ人のサニア・ハマディ女史は著書『アラブ人の気質と性格』(笠原佳雄訳)でこう述べている。

「アラブ人たちは、環境をある程度左右し、自ら運命を切り開き、気持次第で願いごとをかなえ、自分の行動で運命を変えることがかなり可能だという事実に、ほとんど気づいていない」

「…アラブ人にたいする運命論的な哲学の影響は、宗教的教義によるというよりは(もっとも、運命論的教義が運命論的行動を促進してはいるが)、むしろ政治的征服、経済的貧困、社会的暴虐のきわめて悪い影響によるものといえる」

一方、キリスト教文化圏においては、神は助けの手をのべることはあるが、人の言行をその自由意志にゆだねていると一般的に教えられている。そして人間は、エデンの園にいたあのアダムとイヴに象徴的に描かれたように、みずからの自由意志で考え、行うことができる。みずからの運命は人間自身の考えと行ないがつくりだすのだ。

「愛」が運命を決定する

二十世紀前半の哲学者でカトリックのニーチェとも呼ばれたマックス・シェーラーは、愛こそが個人の運命を決定すると考えた。ただし、この場合の愛とは、映画やドラマで描かれる甘ったるい所有欲の変形のようなものではない。

たとえば、知識を増やしていくのも愛による働きとなる。この考えはもっともなことで、わたしたちにしても、やさしさを持っていなければ一冊の本すら読むことなど

できない。

なぜならば、本を読むというのは主張を言いっぱなしの相手とずっとつきあっていくことと似ているからだ。こちらにやさしさがなければ、つまりは愛がなければ、相手の主張を理解し、そこから知識や考え方を理解することもできないからだ。

知を得るということは、結果的に、さらに新しい可能性を手中にするということだ。知があってこそ、人は次の問題を解決できる、新しい局面に対処できる、新しい方法を考案できる。知が少なければ少ないほど、わたしたちは貧しいまま、狭く生きるしかないのだ。

新約聖書のコリント書にも記されているように、愛の性質の一つは怒らないことでもあるから、愛があれば異質なものに出会ってもそれに反撥したり逃げたりしない。それどころか、異質なものから汲みとることができるようになる。

いわゆる知性ある人が短絡的に感情を剥き出しにしたりせずに悠然と構えているの

は、相手をさげすんでいるのではなく、自分とはかなり隔たりのある相手をできるだけ理解し受容しようとしているからなのだ。それはやはり愛の姿勢なのである。

何事にも愛を持って接していれば、知は増えるし、それについて価値の領域が拡大していく。つまり、何事にもそれぞれの価値を見出す力が生まれ、ひいては人を生かす、物を生かす可能性が増大するということである。

その姿勢は当然ながら、精神的にも物質的にも豊かになることに結びついていく。

これは個人の運命を切り開いていくことと同じだ。なぜならば、より広い可能性を持って生きていくことだからだ。シェーラーの言う、愛が個人の運命を決定づけるとはこういうことである。であれば、わたしたちの運をよくするためには、いっそうすべての事柄について愛を持って接していくということがまず必要となるだろう。

愛を持って接する人に対しては素直に心を開くしかない

好き嫌いだけでドアを閉めてしまわずに、ともかくドアを開けて中に入ることだ。そして、なんとかわかろうとすること。

物事や相手を一方的に断じてしまわないこと。過去がどうであろうとも、今の状態を見ること。自分の欲得のために物事や相手を利用し役立たなくなったら捨てる、という功利性を捨てること。攻撃するのではなく、受容すること。待ち続け、怒らないこと。耐えること。排斥しないこと。物事や相手をちゃんと知ろうと心がけること。自分も素直に心の内を明かし、隠し立てをしないこと。

こういうふうな態度でわたしたちが生き始めるやいなや、事態は良い方向へと一変するのは確かだ。なぜならば、そういう態度をとる人間に対して相手はもはや素直に心を開くしかないからである。それこそ、幸運の具体的な始まりである。

こう考えて
みよう

物事や人を簡単に排除せず、
愛を持って接していく。

5 本当に実現したいことに向かって努力する

神仏に祈ったり願ったりして、たちまちにして願った通りにかなえられたという経験を持つ人は決して多くはないだろう。だから、とりあえず世間の体裁上は神仏を敬う行事などはするけれど、神仏の存在など半信半疑だと本心で思っている人も少なくないはずだ。

むしろ現代人は、具体的な神仏の存在を疑いもなく信じるというよりも、もっと抽象的で従来の説明ではとらえがたいようなスピリチュアルパワーといったものに眼を向ける傾向が強いのではないだろうか。何か新しい神秘性を感じさせる存在として。

祈っても願いはかなわない

どの宗教にあっても、神的存在に祈って願い事がかなうとはどういうことだろうか。ファンタジー映画のように神的存在が人の希求に答えたということなのだろうか。

仮にそうだとしよう。では、戦争をしている二か国の王が互いに敵国である相手を打ち負かせるように神に祈った場合はどういう結果になるだろうか。

紀元前の古代中東では、戦争に勝ったほうの王や部族長に神がついているとみなすのが当然のことだった。また、髪の毛が多いのは神に愛されている証拠とか、背が高く体格がよいのは王になる資格がある証拠、病気や貧窮は神から罰せられている証拠だともふつうに考えられていた。

つまり、人にとってつごうがいい運びとか好みの原因をいっさい神的存在に帰していたわけだ。もちろん、願い事がかなうのは神に助けられている明白な証拠だった。

しかし、旧約聖書を読むと、この世でいかに不公平が行なわれているかという愚痴に似た嘆きもまた少なくない。なぜ悪人だけが栄え長命で裕福でいられるのか、なぜ自分がこんな病気にかかっているのかといった嘆きである。

もっとひどい嘆きは、生まれてこなかったほうがよかったとか、この世はすべて空しいとかいうものだ。一方で、自分は貧しくて力を持ってはいないけれど、せめてこれ以上は困らない程度の生活必需品は欲しいと謙虚に神に祈る者もいた。

なぜ、ある人の願いは祈ってかなえられず、別の人の願いは成就するのだろうか。あるいは、それは本当に神の力による願望達成なのだろうか。

しかし、祈りによる願いがかなうという考え方は突き詰めてみると、おかしな点がたくさん出てくる。

神が祈りを聞き入れ、人の願望を即座に成就させるのならば、わたしたちは汗水たらして働かなくてもいいかもしれない。神は便利な自動販売機のようなものだからだ。

しかも、無料で、どこにでも存在する自動販売機でしかない。そういう存在を、はたして神と呼んでもいいのだろうか。

あるいは神は、願いを祈る人のこれまでの功罪をひそかに採点していて、その人間がある程度のレベルに達しているときに限って、願いを実現化させるのだろうか。だとしたら、この成果主義のような偏狭さもまた神的存在にふさわしくないことだろう。

別の視点からも考察できる。真剣に祈って供物《くもつ》を捧げ、いや、あるいはまったく供物を捧げなくても願いがかなうのならば、神は人によって簡単に操縦される存在であろう。供物を捧げたときのみ願いがかなうのならば、神は人に脅迫されて動いているとも考えられるし、犬にも似たペットと同じだろうとも考えられる。それもやはり神にふさわしくない。

今度は反対に、祈っても願いがかなわないならばどうだろう。それは神が存在していない証拠になるだろうか。いや、証拠とはならないだろう。神は存在していながらも、ただ涙を溜めて沈黙しているだけかもしれないからだ。

神が本当に存在していて全知全能であるというのならば、悪と道義的欠陥に満ちたこの血なまぐさい濁った世界をどうにかしているはずではないかという疑念は現代だけではなく、すでに紀元四世紀からあった。

この疑念には当時のキリスト教会の哲学者であったアウグスティヌスが答えている。すなわち、神は理性を持った特別な被造物である人間に自由意志を与えたからだ、と。自由意志によって人は悪も善も行なえるというわけだ。そしてもし、悪のない世界があるならば、それは人間のいない世界となる、とアウグスティヌスは考えた。なお、このアウグスティヌスの見解はキリスト教神学界の古典的考え方だ。

一方、ユダヤ教では、現代世界がまだ不完全であるのは、神の世界創造がまだ続いているからだと考えている。また、神のその世界創造を助けるのはユダヤ教徒だとも自負している。

本気で欲しがって努力すれば必ず得ることができる

新約聖書では、イエズスのある一つの言葉が、神の存在とこの世の悪人の存在と不公平の有無について一挙に回答を与えている。それは、神は善人の上にも悪人の上にもひとしく雨を降らせる、というものだ。

また、イエズスは人の願望の成就についても、一言で回答している。それは、求めよ、そうすれば与えられる、というものだ。

この「求めよ」は、たんに何々が欲しいと言ってみることではない。執拗《しつよう》に欲しがること、相手が根負けするほどに求めてやまないこと、自分の手にするまで決して諦《あきら》めないほどの熱情を意味している。

わたしたちの周囲を振り返ってみれば、自分が本当にしたかったことを自分の生涯の仕事にしてしまった人の行ないを見ればこの意味がよくわかるだろう。

どんなに条件や環境が悪かろうが、本気で欲しがって努力するならば必ず得ることができるからだ。

それは積極的な願望の成就である。自分が欲しがっているものを誰かが自分の前に持ってくる奇蹟をあてどもなく待っているようなぐうたらさ、古い土地からパワーらしきものをもらいに物見遊山で行くとか、一枚の紙切れを特殊なものと思い込む迷信じみた奇行とは異なる。そして、もっとも確実な方法ではないだろうか。

こう考えてみよう

本気で欲しがって努力すれば、必ず手に入れることができる。

6 仕事そのものを楽しむ

多くの人が仕事と仕事にまつわることで苦労している。

憧れていた職業に就けない苦しみ。今の仕事に満足できないが、かといって簡単に転職もできない苛立《いらだ》たしさ。今の仕事から生まれてくる多大なプレッシャー。充分に稼げないつらさ。仕事に自分の個性や技術が活かせない不満。同僚や取引先との間の人間関係の難しさ。自分が手がけている仕事の社会貢献性や遵法性への疑い。転職や起業への不安。

仕事からは金銭だけでなく楽しみが得られる

高い報酬、あるいは保証された高給。充実した福利厚生と設備。容易にこなせる仕事。短い拘束時間。たっぷりと恵まれた休暇。企業のこういう条件に魅了されて入社した人は本当にばりばりと仕事をするだろうか。汚職も横領もなく、いつもいきいきと働く社員として勤め上げることができるだろうか。

仕事によってわたしたちは金銭を得る。けれども、仕事は金銭を得るためだけの手段ではないだろう。金銭取得だけが目的ならば、金銭そのものを強奪、略取、詐取するのがもっとも手早いからだ。

わたしたちは仕事を通じて金銭を得ることができるが、仕事の意義はその仕事に自分が関わることにあるはずだ。

生活者の観点に立った哲学を説いたアランは『幸福論』の中でこう書いている。

「役に立つ仕事はそれ自体において楽しみである……仕事から得られる利益によってではなく、仕事それ自体においてなのだ」（神谷幹夫訳　以下同）

あっさりと、そして明瞭に書かれたこういう文章はそのなめらかさのために不注意に読みすごされやすいものだが、人間にとっての仕事の第一義を端的に指摘している。

自分の楽しみとならないような仕事は誰も手がけたくないものだ。しかし、この場合の楽しみとは安易な娯楽や遊興の楽しみとは性質が異なる。困難さ、危険性、見通しのきかなさ、成就の確度の低さといったものも仕事の楽しみとなるからだ。

「いったん課題が与えられると、今度は課題そのものが楽しいものとなる」

「すなわち、つくり出す楽しみ、現実のものにする楽しみ、欲する楽しみ、そして仕事をする楽しみ」

だから、仕事の楽しみは享楽と同じレベルの楽しみではない。自分から積極的に関わっていく楽しみ、危険性を承知しながら積極的に挑んでいく楽しみなのである。

仕事は人を「良い人生」へと導く

子供時代、わたしたちは将来どんな仕事をしたいか無邪気に語っていた。乗り物の運転手、画家、指揮者、スポーツ選手、デザイナー、コック、鉄道員、警察官、看護師、等々。それらはどれも具体的な仕事だ。

ところが成人近くになると、平均以上の給与が確実にもらえて、世間体の悪くない、堅実な仕事に就きたいと願いだす。ここにはもう無邪気な純粋さはなくなっている。そして、損得勘定と見栄と体裁がたっぷりと盛り込まれている。

もはや、具体的な仕事そのものではなく、仕事に付随するものを欲しがっているのである。その仕事を自分が手がけたいという熱意がほとんどなくなっている。

そしてまた愚かなことに、自分が欲しがっている仕事に付随するものこそがこれからの自分を苦しめ続けることにまだ気づかないのである。

いつまでも夢を語る人もほぼ同じように、なんらかの仕事に付随するであろうと自分が勝手に想像する快楽や安楽さやリッチさを心底では求めているのだ。だから、夢を語る人はその夢を実現できないことが多い。理由は当然のことで、その仕事に自分が深く関わることを本心では望んでいないからだ。

充分に仕事をなしとげたあとの食事や入浴や語らいや睡眠はとても楽しいものだが、

彼らは仕事の充実感なしで他の楽しみを得たいとわがままを言っているのにひとしい。それは、食事はすべてデザートだけにしたいと言っているようなものだ。

人に仕事が必要なのは、そこから得る賃金でさまざまな支払いをしたり、過剰な贅沢をしたりするためではない。**人は、仕事によって良い人間となることができるからだ。仕事をこなしていくことで少しずつ良い人間になり、総じて良い人生を送れるようになる。**

たとえば、仕事に打ち込むことによって、悪から離れることができる。妄想や悪をなす時間と機会を仕事が奪ってくれるからだ。犯罪者やギャンブラーを見れば明らかだ。彼らは自分の仕事に身を打ち込むことを知らない。

賄賂《わいろ》や横領など仕事を通じて悪事を働く人もいるが、そういう人はやはり仕事を金銭獲得の手段としてしか見ていない。しかも度し難いことに、彼らは悪い行為をすることで自分自身と人間全体を蔑視する結果にはまりこんでいる。彼らは利得に幻惑されてみずから地獄を渡っている愚かな人々にすぎない。

仕事をたいせつに思い、丁寧に続けていく

仕事は、美徳と呼ばれるものの有意義さを無言で教えてくれる。

たとえば、信頼と正直という美徳だ。この二つがなければ、どんな仕事も、悪事でさえ、形になることがない。互いに信頼し、互いに正直であることによって、多くの事柄が成就する。芸術家の仕事のように個人的に見えるものですら、だ。

また、仕事は確実に自分を変えてくれる。その仕事をやったかどうか、完成まで耐えられたかどうか、仕事の進行にそって持ち上がってくるさまざまな障碍《しょうがい》や問題を克服できたかどうか、その一つひとつが自分を変える。

また、仕事によって自己信頼が高まる。これは実績に裏打ちされた自信となり、さらなる可能性への挑戦をうながしてくれるようになるものだ。

仕事は自分の技術や能力を高みへと引き上げてくれるばかりではなく、自分の人間

性、倫理、人生観をも大きく変えてくれる。そのことを知り、仕事をたいせつに思い、報酬以上のものを得ていると自覚して丁寧な仕事を続けていく人が自分の仕事を持った人なのだ。

その状態は幸福の範疇《はんちゅう》に入れてもさしつかえないことだろう。

こう考えてみよう

人は、仕事を丁寧に続けていくことで
自分を育て、良い人間になることができる。

7 自分を捨てる

ある程度生きてくると、人生に疑いを持つのはふつうのことだ。何のために生きているのかと、そっと自問する。その自問に答えたくて、自分なりの生きがいを探してみる。それが見つかればいいが、見つかったところで、またぞろ空しさに襲われる。琵琶《びわ》法師が吟じたように「諸行無常《しょぎょうむじょう》」と真似てみたところで、何も変わらない。ぐずぐずしているうちに、歳だけを重ねてしまう。歳をとるほどに、金の威力を感じる。金銭がすべてかもしれないとも思うが、それは人前では口に出せない。

人生とは何か。いまだにわからない。すべては無なのではないか、と思えてきてもおかしくない。

我欲にとらわれると、人生は苦痛と悩みばかりになる

十九世紀に生きた思想家アルトゥール・ショーペンハウアーの晩年の顔は鬼に似ているといってもいいだろう。しかし、主著『意志と表象としての世界』を書いた三十代前半の頃の顔は細面《ほそおもて》で深い皺も少なく、鬼らしくは見えない。

この人は哲学者としては有名な部類に入る。しかも、ショーペンハウアーはペシミストというレッテルを貼られている。『自殺について』というタイトルの小論もあるし、『意志と表象としての世界』は悲観主義にいろどられているように見えるからだ。

確かにこの本の半分くらいまでをつまみ読みするならば、暗い気持ちにとらわれ、これはまさにペシミズムだと言いたくもなろう。なぜならば、こんなことが書いてあるからだ。

「直かにわれわれに与えられているものは、いつもただ欠乏、すなわち苦痛だけでしかなく」「願いごとはけっして満たされないし、努力は水の泡となるし、希望は無慈

悲に運命に踏みつぶされるし、一生は全体として不幸な誤算であるし、おまけに悩みは年齢ごとに多くなって最後に死がくる」（西尾幹二訳　以下同）

ふつうの人生とはそんなものだとショーペンハウアーは述べる。けれども、人生がこういうふうになるのは、人が我欲に翻弄されるがままに生きた場合だけだ。

重く息詰まる闇の中をさまようかのように彼の本をずっと読み進めていくと、やがて我欲から解放されたときに人間がどうなるかということが懇切丁寧に書かれ始める。これは哲学書ではなく宗教の秘密を解き明かした書ではないかという仔細ぶりだ。

では、我欲を捨てたときに人はどうなるというのか。「無」になる。この無とは仏教の禅師《ぜんじ》はもちろん、キリスト教や他の宗教で聖者と呼ばれた者たちが立ち入った新しい人間性の次元をどうにか表現した言葉の一つである。

無というのはナッスィング、つまり何もないということではない。この場合の無とは、いわば我欲が抜け落ちてしまった状態のことだ。

我欲を捨てて無になっても、もちろん自分はここにいる。しかし、以前の自分ではない。以前の自分とどこがどうちがうかというと、あらゆる存在に浸透できるようになっている。

たとえば、樹木を見つめれば、自分が樹木か樹木が自分なのか、にわかに区別できなくなる。動物がそこにいれば、同じように自分との境目がわからなくなる。物を見てもそうなる。

これではまるでバカのようだと現代人は思うだろう。しかし、そういう状態になって変貌した人は今でもいる。また、病気や苦悩、困難を通して不意に無を体験したことのある人もいる。そういう彼らにとって、ショーペンハウアーの思想はとても理解しやすい。

鎌倉時代に無の状態を体験した道元は、たったの四文字で、自分なりのその体感を表現している。あの有名な言葉、「身心脱落」である。

座禅をしていたある瞬間、自分の体も心も抜け落ちてしまったというのだ。そう表現するしかないほど、自分というものがなくなってしまったというわけだ。

自分という我欲がなくなると、他の人の痛みがわかるようになる

では、自分という我欲がなくなると、いったいどうなるのか。体験者によって表現は異なるが、『意志と表象としての世界』のショーペンハウアーの表現を参考にすれば、**他の人の痛みがあたかも自分のように伝わってくる。他の人の命が自分のものであるかのように温かく感じられるようになる。**

以前は自分というものが頑としてあり、それが鎧《よろい》のように自己を覆っているので、他の人の痛みはわからなかった。ところが、その鎧がすっぽりと抜け落ちてしまう。すると、自分の感受性が変貌するのである。

ものの見方もすっかり変わってしまう。かつてとはちがって、多くの事柄が一般的なものとして眼に映るようになる。この場合の「一般的」とは「ふつうの」という意

味ではない。どこにおいても、いつの時代でも、誰にでも起こりうるものとして、いろんな出来事を捉えるということだ。

たとえば、かつての自分だったら、性格が悪くて狡猾な人が苦境におちいれば、「ざまあみろ」と思っていたとしても、自分が無に近くなれば、その人の苦痛をまるでわが事のように感じ、彼に対して心の底から深い同情をするようになるのである。

つまり、他人に対しても自分に対しても、一個の人間としてしか見ないようになる。その人の美醜とか勲功とか過去のこととかをいっさい気にせずに、今の状態のその人しか見ないようになるということだ。

このことは禅師たちの語録では、「師に遭《あ》えば師を殺し、親に遭えば親を殺す」という表現で記されている。

ここにある「殺す」という言い方があまりにも刺戟的なために意味がとりにくいように思えるが、この「殺す」は、「息を殺す」という言い方の「殺す」と同じで、それを無視するということを指している。

だから、「師に遭えば師を殺し……」とは、相手が自分の師匠であっても、また親であっても、自分の生死を左右するほどの力を持った人物であっても、自分との関係性や利害を無視して相手を人間としてだけ見るという意味になる。

心底からの同情が生まれる

無になった人のこういう人間性転換と呼ぶべき変化は、禅の悟りのあとに見られるだけではなく、インドのヴェーダにも、キリスト教にも、また他の宗教にあっても見られる。

もちろん、宗教と関係のない人にあっても同じレベルで無を体験した人はいる。そういう人は自分の変化にはっきり気づいているが、口外はしない。誰もがみな同じだという感覚でたんたんと生活するだけである。だから、周囲の人々はなかなかその人の変貌に気づかない。

さて、ショーペンハウアーはヴェーダの儀式における興味深い例を挙げている。

「…これから教えを受けようとする人の眼の前に、生物無生物を問わず世界のあらゆる存在を次から次へと運んできて通過させ、その一つ一つについて、定式となったあのことば、…が呼び上げられるのである。そのことばは《汝はそれなり》という意味である」

これもまた、自己の一般化を儀式と言葉で表しているわけだ。

こういう自他の同一化によって、相手の情が自分の情として感じられる。すると、そこに生まれるのは同情だ。うわべの同情ではなく、心底からの同情。

だから、ショーペンハウアーは「あらゆる愛は同情である」と断定している。さらには、

「あらゆる真実の純粋な愛は同情なのであって、同情にあらざるいかなる愛も自己愛なのだ」と書いている。

愛とは「共に苦しむ」こと

愛という言葉は現代では、言語の意味内容を変質させる力を持つメディアの影響もあって、一種の甘さや陶酔にくるまれた言葉に堕してしまっている。

けれども、ここでショーペンハウアーが使っている同情としての愛は、相手の苦しみを自分も同じように苦しむということを意味している。

というのも、彼が使っている同情という言葉の原語はドイツ語のミットライト（Mitleid）だからだ。mitは「共に」であり、leidenは「苦しむ」である。つまり、この同情は、「共に苦しむこと」になる。

ショーペンハウアーはこの「共苦」こそ愛だと述べている。愛＝共苦という実感に達したとき、人はもはやエゴの殻から脱している。エゴのない人は、無がいかに明るく広大無辺であるかを身をもって知っている人だ。

ここまで無と愛と同情の神秘について述べている哲学が、世間でいうところの厭世主義だろうか。愛に深い内実を与え、互いを心の底からいつくしむ生き方の地平を見せてくれている哲学が悲観的だろうか。

こう考えてみよう

我欲を捨てると、自分と他人の区別がなくなり、心底からの同情が生まれる。

8 清潔に生きる

いったい、何を所有すれば幸せだと自他ともに認めることができるのか。家や土地と別荘はもちろん、船まで持つべきなのか。

あるいは、所有と幸せが必ずしも結びつかないというのなら、幸せはたんに心の問題なのか。しかし、心は不安定なものだ。揺れて、定まることがない。それどころか、心と感情の区別さえ難しい。

あるいは、まったくちがうアプローチで幸せに通じる道はあるのか。

ニーチェは「清潔が幸福につながる」と言った

豊かな鼻髭をもっさりとたくわえたニーチェは、イタリアとスイスを行き来していた奇妙な哲学者だし、そんな男の書いた哲学的な事柄など、現代のふつうの人々になんら関係がないと思われているのかもしれない。

しかし、彼に限らず哲学者はわたしたちと同じように愛したり苦しんだりした人間だし、彼らの考え方や感性が最初から人間離れしているとか、天才的というわけでもないのだ。

ただ、哲学者はわたしたちが言葉に変換できないでいる事柄をなんとか言い表していることで、わたしたちの生活になんらかの貢献をしているのである。

ニーチェは、アランのような『幸福論』を書いてはいないが、彼の著作のところどころには幸福についてのかなり良いアドヴァイスが見受けられる。たとえば、「さまざまな意見と箴言」にはこんなことが書かれている。

「清潔好き。—子供のうちに清潔好きの感覚を、それが情熱となるほどまでに焚きつけるべきである。後日それは、たえず新しく姿をかえながら高まってゆき、ほとんどすべての美徳にゆきつく。そして最後にはそれは、あらゆる才能の補正として、清潔、節度、温厚、品性のいわば光の面紗《ヴェール》のように見えてくる、――幸福を身にたずさえ、幸福を身のまわりにひろめるものとして」（中島義生訳）

ここに書かれていることは少しも難しくはない。清潔を好む性向を子供のうちから身につけさせせれば、やがてそれは美徳に変質するし、ついには自分にも周囲の人々にも幸福をもたらす、というのである。

なぜ、清潔が美徳や幸福とつながるのか。清潔観念は、手や足を洗うなどの物理的衛生観念にとどまらず、精神と行動についての衛生観念にもなんの抵抗もなく直接的にそのまま通じていくからだ。

物理的なことと精神的なことがつながる不思議

これはわたしたちが使っている言葉の用法にもはっきりと表れている。「汚い」は、不衛生な事柄の他に、仕事や行動や配置の美学にも使われる。「きれい」という言い方も同じだ。

その感覚からすれば、盗み、嘘、抑圧、排斥、騙《だま》しなどは「汚いこと」になる。したがって、子供の頃から汚いことよりもきれいなことを好む性向をしつけておけば、悪自体とその周辺を汚いこととしてすんなり遠ざけることができるようになる。

悪いことや度の過ぎたものを不潔として嫌い、清潔さを好む生き方は、その花として自然と良い品性を身につけることになるだろう。

そういう人は容易に生活の快適さを得ることができるし、悪が含まれている問題に判断が迷うことはかなり少なくなるし、行ないから影響された汚い顔つきにもならないし、周囲に同じく清潔さを好む人々を集めることになる。そういった生き方は明らかに、人の生き方としては幸福な生活の範疇に入れるべきものだろう。

ところで、哲学的に興味深いのは、先の衛生観念の相互浸透性に見られるように、人間において物理的な事柄と精神的な事柄がどうして垣根もなくそのまま繋《つな》がっているかということである。

昔の人は「心身一如」（かつては「身心一如」と書かれていた）と述べたが、それは人間のこの状態を表現しただけであって、どうしてそうなのかという疑問への説明にはなってはいない。

それとも、人間は言葉を使って、物事を分析する傾向があるから、本来分かたれていないものを便宜的に名づけ、その名称によって別箇のものとして分けて考えてしまうのだろうか。まだ、誰にもわかってはいない。

こう考えてみよう

物理的に清潔にしていれば、精神も行動も清潔になっていく。

第2部

悩むな、考えろ

9 世界を「知る」のではなく「生きる」

ひたすら金を得ることが目的であるカルト宗教の教祖が語る世界観には一つのほころびもない。なぜ世界がこのようであるのか、理路整然と説明されている。

ヘーゲルという有名な哲学者の『精神の現象学』を読んでも、カルト教祖とは別なふうにだが、世界がどうであるかがきちんと説明されている。ヘーゲルによれば、世界精神というものが生成発展していくこと自体がこの歴史だという。

古事記にも聖書にも世界がどのようにして始まったのか記されている。イスラム教のコーランは、この世界で起きるいっさいの事柄がすでに天の書物に記載されていると説明している。

要するに、どの文献を読んでももっともらしく世界について説明がなされている。

しかし、その世界観はすべて異なっている。世界には大きな宗教が百七十あるといわれているから、百七十の世界観があるのだろう。

では、どの世界観が現実を正しく表現しているのだろうか。それとも、宗教や思想の世界観などすべてうさんくさいフィクションであり、世界はただ混沌としたままなのか。

世界のすべてを理解するのはそもそも無理だ

たぶん、人は生まれたときから病にかかっている。この世界を理解しつくしたいという病だ。世界各地の宗教書や聖典が世界の始まりについて語っているのは、人のこの世界理解欲求の一端に応じるためだ。そのあとから、どう生きるべきかという倫理がおもむろに説かれる。

それと同じように、何を観点の柱としても、結局は続けて生き方の指針が示される。だから、資本主義を固定点とするビジネス書にしてもそれが高度になるほど倫理と生活についてあれこれと語ることが多くなるのも不思議ではないのだ。

現代の世界では、キリスト教とイスラム教という二つの観点がぶつかって紛争や殺戮戦争にエスカレートしている。どちらも世界観が異なる。つまり、世界の理解がちがっている。だから、倫理もまるで異なる。


その世界観を超え、互いに相反する倫理を超え、共通の人間性を基盤に双方がじっくりと話し合えば衝突は少なくなるだろう、と考えたりするのはトルコの菓子よりも甘いかもしれない。この濃い二つの固定点から生まれる世界観の相違はあまりにも大きいからだ。

さらにまた、一方側の概念が他方にはまるでちんぷんかんぷんだということがある。たとえば、プロテスタント的キリスト教の大国であるアメリカの自由という概念は、イスラム教徒にはなかなか理解されない。なぜなら、イスラム教では自由などよりも服従のほうが宗教的にはるかに価値があるからだ。そもそも、イスラムとは「服従」

という意味なのだ。労働の概念も両者では大きく異なる。

正しいかどうかは事実のみが明らかにできる

しかし、ここで疑問が生まれてくる。では、キリスト教とイスラム教どちらかの世界観が事実としての世界に即していないのか、という素朴な疑いだ。

この疑いはさらに広がる。ユダヤ教、ヒンズー教や仏教、あるいはさまざまな新興宗教のどれが世界の見方として正しいのだろうか、と。

これについて、各宗教を信奉する人々は口々に主張するだろう、自分の属している宗教こそが世界を正しく見通している、と。実際、あまたの宗教宗派がそういうふうに自分の固定点の正当性を声高に叫んでいる。

彼らの言い分を聞けば、どれもそれなりのことを言う。たとえば、イスラム教は聖書に記されている神は実はアッラーだったのだと主張するし、コーランにもそう書かれている。

イスラム教であれ、キリスト教であれ、ユダヤ教であれ、ヒンズー教であれ、その世界観は首尾一貫している。神はこれこれこういうもので、人間はこういうもので、どのように生きるのがよいかと説くのである。

そして、どの主張もちゃんと世界と人生を一貫した論理で説明している。すると、またここで疑問が出てくる。なぜ、どういう観点に立っても世界と人生を首尾よく説明できるのか、という疑問だ。

その疑問への答えは、たぶん、人が文法を持つ言葉を使うからだ、というものになるだろう。

文法というものによって、言ったことや書いた事柄に一連の明瞭な流れができ、脈絡や論理が生じる。つまり、文章が始まり、脈絡を縫ってきちんと終わる。

もし文法というものがないのならば、「かもしれないけど、四頭立ての戦車が、だった、曇り空の、孵化の最中に、かくて」という文があってもおかしくない。しかし、これでは意味不明だ。

文法があるから、「何がどうした」という語順が定められ、脈絡のある、つまり意味がくみとれて理解できる文章が出来上がる。

しかしながら、この文章というものの内容の真偽は、事実に照らしてみなければわからない。ヴィトゲンシュタインの『論理哲学論考』の初めから八割まではこのことを語っている。

ところで、事実に照らしてわかる事柄は、事実が容易に確認できる直近の事柄だけだろう。南京虐殺事件の例を出さずとも、少し昔の事柄でさえ事実の確認が難しくなるのはわたしたちがふだんから知っていることだ。

信じる人が多いからといって、正しいとは限らない

だから、大量の文書がそこにあった場合、そして内容がこの世界の初めから終わり

までについての記載である場合、誰も真偽をはかるすべがないのだ。真偽がわからないけれど、それを真実だと信じるのが信仰だ。

宗教の聖典ではなく、主義、信条、思想の場合も同じだ。そのうちのどれであっても、文法にのっとった文章で語られている限り、論理に一貫性がある。その一貫性があるがために、過去にはいわゆるマルキシストが生まれ、命をかけて共産主義を信じたわけである。

信じる人が多いからといって、ある主義や信条が正しいとは限らない。依然として、真偽を確かめることはできない。だからこそ、それに「賭ける」人もいるだろう。人生を賭けたところで、真のほうに天秤が傾く可能性が高くなることはないけれど。

しかし、なぜ人はそれを選んで信じるのか。ある人は偶然に、ある人は周りの影響から、ある人はその論理の整合性に魅せられて信じるのだろう。

けれども、世界を説明する論理がいかにぴったりとつじつまが合っていようとも、そのことが内容の正しさを保証するわけではない。先にも述べたように、それはわたしたちの頭が文法によって脈絡を知り、そこから意味を汲み出すという仕組みになっているから、正しいように思うのだろう。

人は内容の正しさと文法的な正しさを混同してしまうのだ。そうだからこそ、人類と世界は宇宙人によって創造されただの、旧約聖書に登場する人物たちは実はインディアンであった、などというカルト宗教がはびこることになってしまう。

生きることが知ること

では、世界は説明されえないのだろうか。たぶん、言語では説明されえない。しかし、世界を生きることはできる。言語と自分の身体を使って。

ゲーテが戯曲『ファウスト』で描いたファウスト博士は全巻の書物を読み、学問を究めたが、まったく世界を理解できなかった。だから、彼は悪魔の力を借りて若返り、人間と世界のすべてを知るために、もう一度人生の哀楽を味わった。そして、最後に言う。「瞬間よ、止まれ。おまえは美しい」と。

ファウスト博士と同じように、**わたしたちに必要なのは、この世界を死まで生きることだろう。そうすることによってのみ、世界はわたしたちに知られる。**

それは、いうなれば心身の知だ。もちろん、その知を得たとしても、世界は説明できない。なぜならば、この世界には自分の身体が含まれるからだ。人は身体を説明できない。したがって、心身の知は、むしろ愛に近いものだろう。

こう考えて
みよう

世界は言語を通して知ることはできない。
自分が生きてはじめて知ることができる。

10 考えるだけでなく、言葉や行動で表現する

わたしたちはふだんからいろいろと考えている。たくさん考え、悩み、また考え直し、それでもなお解決方法が見出せないときがある。

「下手な考え、休むに似たり」という諺《ことわざ》がある。下手に考えるのならば、いっそ考えずに行動したほうがいいのだろうか。しかし、行動するにしても、今度はどう行動していいのかがわからない。そこでまた考えてしまう。

あるいは、思考法がまちがっているのだろうか。ちゃんと考えるために論理学の本でも読んだほうがいいのだろうか。けれども、論理学の本の中身はほぼ数学だ。

求めているのはそういうものではない。求めているのは、自分がどういうふうに考えれば、現実生活、あるいは自分の仕事に有効かということだ。

わたしたちは本当に考えているのか？

かつてパスカルは『パンセ』の中で「人間とは考える葦《あし》である」と幾度も書いた。人間は植物の葦ではないから、これは象徴的表現だ。十七世紀の哲学者パスカルにとって、葦は弱々しいものの象徴だった。

「人間は一茎の葦にすぎない。自然のうちでもっとも弱いものである。だが、それは考える葦である。かれをおしつぶすには、全宇宙が武装するにはおよばない。ひと吹きの蒸気、ひとしずくの水が、かれを殺すのにじゅうぶんである」（由木康訳　以下同）

この文章に続いてパスカルは、「たとえ宇宙がこの一茎の葦を押しつぶしたとしても、人間のほうが高貴だ。なぜならば、自分が死ぬことを知っているからだ。宇宙はそのことすら知らない」と述べ、人間のあらゆる尊厳は思考することにある、としている。

たぶん、パスカルにあっては思考と表現は表裏一体のものであったろう。というのも、パスカルは書きながら考えていたからだ。

だから、「人間のあらゆる尊厳は思考することにある」というパスカルの断定を現代人は誤解して受け取る可能性がある。つまり、自分だってふだんからいろいろ考えている、というふうに。しかし、わたしたちは本当にふだんから考えているのだろうか。

考えは物理的な形をともなう

わたしたちは自分がさまざまな事柄について考えているということを自覚している。では、その内容といえばどういうものだろうか。

ほとんどは、何かの刺戟を受けての想像や記憶の呼び起こし、それにともなう連想や感情の動き、イメージの連鎖、不安を含んだ予想、主観的な妄想、金銭や時間などの単純な計算、損得利害のおおざっぱな見通し、視界に入った気になるものの判断、これから会う相手に言うべきことの主意のくり返し、聞こえてくる音の意味、等々だ。

何かのテーマについてのまとまった思考であることはほぼない。なぜならば、あたかも書物の数頁ほどの脈絡ある思考を頭脳だけで続けることはかなり困難だからだ。そういう思考が必要な場合、たとえばこれから開かれる会議や折衝のために考えておかなければならないときは、わたしたちはメモや資料を参考にしながら、考え、まとまった見解を文章で記述しておくという作業をするものだ。

わたしたちのこういう自然な経験からもわかるように、考えることを実現するためには、どうしても物理的な動きが必要となるのだ。あらかじめまとまった思考が頭の中にあって、その思考を言葉という道具を使って表現するわけではない。

考えというものが現実に現れるときは、必ずなんらかの物理的な形をともなわなければならない。頭の中にあるものはまだ考えという輪郭のあるものではなく、不定形のカオスのまとまりのようなものにすぎない。それが言葉で記されるときに、ようやく輪郭と意味が生まれる。

このことを実感としてよく知っているのは、書くことを主な仕事にしているような人々だ。彼らはもちろんふつうに考えもするが、記録ができない状態にある場合でも仕事として考えるときは頭の中で文章を書いて考えている。

そして書斎に戻ったときには、文字を記しつつ改めて新しく、しかし今度は本当に思考というものを行なっていくのだ。だから、散歩の間に考え記憶していた文章そのままを文字に起こす、ということでは決してないのである。

物書きのこのような思考と記述の作業は一般の人々となんら関係がないように思われるかもしれないが、実はわたしたちのふだんの考えがいかに曖昧で頼りないもので、現実に対して実効性のないものになっているのかを教えてくれている。

自分自身が何を考えているのかも、表現しない限りわからない

現実の思考には物理的な言葉がどうしても欠かせないということを指摘した哲学者

は二十世紀半ばに活躍したフランスの哲学者メルロ＝ポンティだった。彼は、人は言葉を現実に語ることによってのみ、その人の考えや主張が初めてこの世に存在すると明らかにした。

つまり、頭の中でいくらあれやこれやと考えていたとしても、その考えはまだ考えとしてどこにも存在しないということだ。言葉、あるいは言葉に代わるもの、つまり、態度や表情や沈黙によって物理的に表現されて初めて、自分にも、そして相手にも、自分の考えが現れるのである。

このことは、他人を観察しているとよくわかる。他人が何を考え、何を思っていてどうしたいのか、わたしたちはその他人の発したり書いたりする言葉、態度、顔つき、行動という表現によってしかわからないのだから。

同じように、わたしたちは自分自身が本当に何を考えているのかも、自分の表現によってしかわかりはしない。つまり、自分が書いたり発したりする言葉、行動が自分の考えを如実にしていることを知らなければならないのだ。

ちなみに、ロダンのあの有名な彫刻「考える人」は今まで述べたことから推量すれば、実は何も考えてはいない。「考える人」は、考えている人の像ではなく、思いあぐねている人、もしくはくよくよと悩んでいる人の像である。

こう考えてみよう

言葉や行動で表現しない限り、考えは自分にも他人にもわからない。

11

価値判断から自由になる

禅は一種の魅力をそなえているように見える。

禁欲的で、静謐《せいひつ》で、真剣で、座禅している姿は風景を墨色に変えてしまうような迫力があり、かつ神秘的で、沈黙を通しているのに多くの言葉がそこから読みとれ、まるで禅僧たちはアナザーワールドにいるかのようだ。

しかし、過去の禅師たちの言行を収録した禅語録を読んでみると、得体の知れない気合いは伝わってくるものの、いま一つ理解することができない。さらに、悟りという言葉がくり返されるのに、悟りがどういうものか明瞭に説明されてはいない。

説明に似たような対話や文章があるにはあるのだが、どうにもこうにも抽象的な詩のような説明で、まったく現実感がないし、理解に悩む。

ひょっとしたら、悟りというけれどもそれは幻想や妄想のたぐいではないのだろうか。そして、禅問答はふざけた言葉遊びか、ナンセンスでしかないのではないだろうか、という疑問が持ち上がってくる。

禅問答は意味をつかむためのものではない

現代社会では、「禅問答」という言い方は一種の揶揄《やゆ》として使われることが多い。「まるで禅問答だな」というのは、理解しがたいという非難を含んだ皮肉であり、互いにわかったようなわからないような受け答え、とか、まるで嚙み合わない会話のことをからかっている。

これは、禅師と僧侶たちの問答は一般には理解できなかったことに由来するだろう。なぜ庶民に理解できなかったかというと、禅門でしか通じない特殊な言い回しや庶民にはなじみの薄い漢語の多用、禅独特の論理や引用が多かったからである。

ふつうには意味がとれない禅問答の短いものの見本を二つ挙げてみよう。

『無門関』第七　趙州洗鉢《じょうしゅうせんぱつ》（西村恵信訳）
ある時、僧が趙州に尋ねた、「私はこの道場に入ったばかりの新米でございます。ひとつ尊いお示しを頂きたいと思います」。すると趙州が言われた、「朝飯はすんだかい」。僧が言った、「はい、頂きました」。そこで趙州が言われた、「それでは茶碗を洗っておきなさい」。
僧はいっぺんに悟ってしまった。

『無門関』第十八　洞山三斤《とうざんさんぎん》（私訳）
ある僧が洞山和尚に訊いた。
「仏とは、いったいどのようなものでしょうか」
「仏か。仏とはここにある麻三斤」（麻の繊維一・八キロほど）

ここに例として出した禅問答は修行僧を悟りに導くため気づきを与える問答だが、一般の文章として素直に意味がとれるものではない。

というのも、禅問答というのは意味をつかむためのものではなく、悟りの境地を示唆するものとなっているからだ。なぜ端的に言い表さず、示唆しかしないかというと、悟りの境地が言語表現では的確に説明できない状態だからだ。

悟りとは「無分別な生き方をする」こと

それでもなお、これまでの禅師たちは悟りの状態をなんとか言葉で伝えようとしてきている。たとえば、次のように。

「〝無〟の一字の別体験こそは、釈迦に逢うては釈迦を殺し（仏縛を破り）、達磨に逢うては達磨を斬って捨てる（祖師縛を破る）のであり、そのとき、君たちは生死無常の現世に在りながら、無生死の大自在を手に入れ、六道や四生の世界に在りながら、すでに平和と真実の世界に遊んでいる」（『無門関』第一　平田精耕訳）

「悟ってみれば、ものごとはすべて同じ身内の事柄だが、悟らないときは、一切がばらばらである。悟らなければ、ものごとはすべて同じ身内の事柄に見えるが、悟ってみれば、いちいちすべてがそれぞれの個性を有っている」（『無門関』第十六）

「好いと言うてもこれは好いという決ったものはなく、悪いと言うてもこれは悪いという決ったものもない。是非得失相対の世界を離れてきれいさっぱりとした処で、さあ言うてみるがよい。眼の前・背後にあるものはいったい何であろうか」（『碧巌録』巻第九　大森曹玄他訳）

悟りの状態についてのこれらの描写は一つのことで共通している。それは、価値判断と相対性からの徹底した脱却である。

ふつうの生活において、わたしたちはどう考え、どう行動しているかというと、たいていの場合は、損得勘定、利害関係、慣習、社会的規範、善悪の分別、いっときの感情に動かされている。それが分別のある大人の生き方だとされる。

しかし、悟りの道を往《ゆ》くというのは、無分別《むふんべつ》な生き方をするということなのだ。もっとも、この場合の無分別というのは、常識知らずという意味ではない。価値判断と相対的思考をしないという意味での無分別である。

相手の地位や自分との関係によって分けへだてしない

この無分別な生き方をすれば、アナザーワールドで自由自在に生きる楽しさが味わえるというのがあらゆる禅語録の中心となっている。

このアナザーワールドは、禅宗ではいろいろに呼ばれている。たとえば、無、一如《いちにょ》、真如《しんにょ》、妙法、安楽の法門、本来の面目《めんもく》、非心非仏、廓然無聖《かくねんむしょう》、平常心《びょうじょうしん》、三昧境《ざんまいきょう》、生死自在《しょうじじざい》、超凡越聖《ちょうぼんおっしょう》、大自在、真実の世界、等々といったふうに。

どれも漢語による表現だからことさら難解に感じられるだけであって、意味内容は超越と無分別だけである。このことがわかれば、禅問答の意味もわかりやすい。

物事も価値も分けへだてしない無分別の態度で生きるから、先の例では「仏とは麻だ」ということになる。このときに和尚がたずさわっていた作業に用いていたものは三斤の麻であったが、もし作業の材料が薪《まき》ならば、和尚は「仏とは薪だ」と答えることになる。

物と人も分けへだてしないし、相手に対してもその地位や存在によって分けへだてしないから、誰に遭うことになっても、相手を人としてしか見ない。

したがって、釈迦に逢っても、達磨に逢っても、相手を殺す。この「殺す」とか「斬り捨てる」とは、相手の地位や肩書き、自分との関係などを考慮せずに公平に接するという意味だ。

超越と無分別の立場で生きるのだから、「是非得失相対の世界」を離れるのは当然のこととなる。

つまり、好き嫌いという感情を捨て、損得を捨て、こっちに比べてあっちがどうのという比較や相対的な考え方を捨てる生き方のことだ。

特別な方法を求めず今をきちんと生きる

だから、特別なものはこの世にない。自分すらも特別ではない。仏も神も、悟りですらも特別でありがたいものとはされない。

しかし、何もかも特別ではないから、何もかもをないがしろにするのではない。むしろ、あらゆるものが自分となる。あるいは、あらゆるものがありがたくて尊い存在となる。

よって、飯を食ったら茶碗を洗うという日常の事柄の一つ一つがこのうえなく大事なものとなる。そのことを若い僧が不意に気づいたので「いっぺんに悟った」わけである。

それまで若い僧は、和尚が何か今まで秘められていた悟りへの道のノウハウを教えてくれるのではないかと大いに期待していたのだった。ところが、そういう特別な秘法があるわけではなく、今をきちんと生きることの大事さに気づいて眼を開いたのである。

何か特別なものが隠されているのではないかと考えるのは現代人も同じだ。

多くの人は、成功や勝利や蓄財を確実にするためのハウツーが必ずどこかにあるはずだと思い込んでいる。その心底には、自分だけは多く持ちたい、自分だけは得をしたい、という強い気持ちが横たわっているわけだ。

それは分別をわきまえた生き方であると同時に、内実は自分の欲得を中心とした欲望と生き方だ。また、獲得の競争において他者を排斥しようという残酷で陰惨な傾さえ含まれている。

そういう競争や力や策略によって左右される持ち物の多寡《たか》で地位だの暮らしだのが決まるようなでこぼこした社会ではなく、みんなが本当に平等であるようなフラットな平和をブッダは目指して仏の教えを広めようとしたのだった。

しかし、実際はそうならなかった。修行者で悟る者は少なかった。また、働かずに庶民からの残飯で命をつないでいた彼らがまだ集団生活をしていた頃から、少しぐらいは酒を飲んでもいいのではないかという議題で会議が開かれるほど、修行者たちは自分たちのささいな欲にしがみついていた。

そのうちに、認識の実践哲学である仏教は、従来のバラモン教に似た宗教になってしまい、超越と無分別など隅に追いやられた。

そして、悟りだの禅だのはあまりにも神秘的で理解しがたいものだとみなされ、同時に理解されることをやんわりと拒むことで自分たちを特別視してもらいたがり、彼らはもう一つのマイナーなアナザーワールドに閉じこもってしまったのである。

こう考えてみよう

特別な方法を求めず、今をきちんと生きる。

12 実体のない「心」に振り回されない

わたしたちはみな心を持っていると思っている。感情や思いが自分の心の働きだと思っている。それを当然のこととして、わたしたちは人と話し、暮らしている。

そして、自分や相手の心を重く見る。それと同様に、相手の心持ちを気遣うのが一種の暗黙の礼儀となっている。

それほど心に重きをおくせいか、肉体は物理的な死を迎えても心は残ると思う人も少なくない。肉体を離れた心が魂とか霊だと漠然と考える人もいる。

しかし、心とは何か、わたしたちはつきつめて考えることがない。心について考えれば何かが解決するだろうか。それとも何も解決しないまま、いつもどおりに自分や相手の心についていろいろと悩み続けるのだろうか。

心は実際には存在しない？

現在ではネパールにあたる地に生まれたゴータマ・シッダールタという青年が苦行の旅に出てやがて悟った者ブッダとして仏教を唱え始めるより約八百年前に、インドに移動してきたアーリア人が始めたバラモン教は霊魂の存在を信じていた。人が死ねば、その火葬の煙とともに霊魂は体を離れて昇っていくと彼らは考えていた。

バラモン教のこの考え方を否定したのがブッダであった。ブッダは瞑想《めいそう》と体験と思索によって、霊や心というものは実体ではないとした。

どうして心が実体ではないのか、その論理が仏教経典の『二《に》入《にゅう》四《し》行《ぎょう》論』に記されている。その主旨を現代語にするとだいたい次のようになる。

「心というものが最初から存在しているのではない。心というものはいつも、対象物によって生じる。対象物が心というものを引き起こすのだ。しかし、この対象物とされるものも、心によって対象物とされるにすぎない。どちらも、相手がなければ存在しない。心も物も、それ自体では存在することができない」

このことが体感されたとき、人は初めて自由になれる、自分の心に巣くう多くの欲と衝動からようやく自由になれる、と仏教では説いている。

そこから時代を二千五百年下って、現象学を専門とした哲学者フッサールも似たようなことを述べている。

「意識とは、つねに何ものかについての意識である」

最初から意識というものがあるのではなく、対象に向かうときだけ意識が存在する、という考え方だ。

また、紀元前四世紀のギリシャの哲学者アリストテレスは『魂について』で、「理性は、何かを考える以前においては実在ではない」と言っている。

ちなみに、心と意識と理性はちがうのではないだろうかと思われるかもしれないが、わたしたちは実際には宗教的な意味で言う場合を除いて、心、意識、魂、霊、理性、感情をきっちりと区別することはできないでいる。それどころか、しばしば同じ意味で扱っている。

ところで、心についてのこれらの考え方にじっと耳を傾けていると、あたかも暗示にかかったかのように、心というものは実際には存在せず、ただ対象への反応だけがあり、それを便宜的に心と呼んできただけではないだろうかと思われてくる。

確かに、わたしたちの心は主に眼前の切迫したものだけに敏感に反応している。たとえば、いかに失恋が痛手であったにしろ、三〇度の傾斜のスロープをスキーで滑降するときには、あるいは銀行で預金残高を確認するときには、別れた彼女の面影で心が絞られるようにはならないのだから。

苦痛や悩みから脱する効果的な方法

仏教の考え方に戻れば、心はもともと存在などしないというのが基本の思想だ。

だが、この考え方と論理はある目的のためにある。その目的とは、自分の中でたえず揺れ動く心に振り回されて行動したり、苦しんだりしないためである。

仏教では、心の「無」も含めていっさいが互いによりかかるために存在するのだから、本来はすべてが「空」であるという認識を悟りとしている。

この悟りは、ひとえに人生の苦痛を、あるいは自分の心の乱れや欲望の強さに悩んでいる人の苦しみを取り除くことに焦点をあてている。

だから、人の心とは何かという純粋な問いに的確に答えるものではない。考え方を変え、認識をすっかり変えることによって、心が生む苦しみから脱する方法を教えているだけである。

しかし、少なくとも効用があるわけだから、心とは何かという問いの周りをいつまでもめぐっているだけの抽象的な考察よりも実用的だともいえる。

それを現代社会に住むわたしたちも簡単に応用できる。たとえば、『坐禅儀』に記されている方法の一つを使えば、自己コントロールがしやすくなる。

その方法の一つとは、今の自分が何を欲しがっているのか、何をしたがっているのか、何に腹を立てているのか、を自分ではっきりと把握することである。

してはならない行為をしたいと思ったとき、あるいはエゴイスティックな欲望を満たしたいという衝動が生まれたとき、その自分をもう一人の自分が肩口から見て、「おまえは何々したがっているのか」と把握するのだ。

欲望や衝動を覚えている自分とは決して一体にはならない冷静な認識を持った自分を肩の上に置くわけである。こうすることによって、欲望や衝動の強さがかなり減ぜられ、やがては消えてしまうようになる。

わたしたちは他人を見ては、あんなつまらぬことをして何がおもしろいのか、とひそかに批判するが、それを自分に対しても行なうわけだ。もちろん、自分の思いや感情に対しても同じように肩口から見て把握する。

この方法は自分の行ないと考え方をかなり理性的にする力がある。そして、自分の人格と人生を良い方向へと転換させる強い効用を持っている。

こう考えてみよう

自分が何をしたがっているか把握すれば、欲望や衝動から解放されていく。

13

言葉にあざむかれない

自分の心と一口ではいうものの、心と呼ばれているものは実はその場での感情とか気分とか、思いとか感性のことではないのだろうか。

心そのものの存在を、他の誰かは確実に物理的に感じているのだろうか。確かに、体は物理的に感じることができる。自分の手で自分の体にさわることもできる。しかし、心はさわれない。だから、心の輪郭もわからない。

それとも心は、実在しているものの名称ではなくて、一つの観念、あるいは一種の比喩なのだろうか。いや、わたしたちは心について語るとき、比喩のように語ったりしてはいない。あたかも各人に固有の心があるかのようにして語っている。

それほど心についてわかっていないのに、人は「心と体」というふうに一対にして考えたり話したりしている。あるいは、「精神と肉体」というふうに。

しかもこういう書き方をすると、心と体はまったく別物であるかのようだ。しかし、心の状態は明らかに体調によって左右されるというのは誰もが経験していることだ。あるいは、トラウマ（心的外傷）は体の不調を引き起こす。

であるならば、心と体が別物だというのは信じがたいことではないだろうか。

人は言葉でだまされる

人間は考えたり話したり書いたりする。そのときに主に使うのは言葉だ。

言葉を使うから、わたしたちは言葉によってだまされてしまう。詐欺師のように言葉でだますのではなく、言葉の特性によってだまされてしまう。

わたしたちをだます特性とは、言語の「分節化」作用のことだ。

言語のこの分節化作用とは、そもそも明瞭に分かたれていないものを、いかにもはっきりと分かたれているかのようにして言語が述べてしまうということだ。

曖昧なものが分節化されている例は枚挙にいとまがない。たとえば、陸地と水際。緑と青と紫。生と死。夕方と夜。子供と大人。若さと老い。


生と死の境目が曖昧だというのは理解されがたいかもしれない。一般的に、生の状態と死の状態はまったく別の事象だと思われているし、医師が腕時計を見ながら死亡時刻を告げたりもするからだ。

しかし、医師は死が何であるかを知っているから死亡宣告をするのではない。脳波、心臓、呼吸の停止などが認められたときを死とすると法的に決められているからなのだ。医師はそれにしたがっているにすぎない。

その法は誰が決めるのか。国会議員だ。狡猾な方法で賄賂を懐に入れるような人すらも含まれている議員たちである。そういう人たちが決めた法が死亡を決定したところで、それは事務処理などを進めるための便宜上の線引きの「死」であって、生物としての死を意味しているとはいえない。

脳、呼吸、心臓が機能を停止したために亡くなったと認められた人であっても、たとえば髭はあらたに生えてくる。生物としては死んでいないからだ。だから、実際の死がどの時点で訪れているのか、誰にも決定できないことなのだ。

言葉が思い込みをつくる

こういうふうに、身近な生と死についてでさえ、その境界は曖昧なのだ。けれども、わたしたちは言葉の分節化作用によって、生と死が画然と異なっているかのように思い込んでいるのである。

同じように、心と体はまったく別のものだというのが一般の考え方になっている。

心と体が別々のものであり、体の中に心が納まっていると考えるから、死んだときに体から心が分離し、魂となって抜けていくという考えがすんなりと受け入れられてしまう。実際にそうなのかどうか確かめられていないのに。

心とは何か、あるいは、心はどこにあるのか、この古くからの問いの決定的な答えは出ていない。ちなみに、脳科学者のラマチャンドラン氏は、心と呼ばれているものは人間の脳が動いているときの電気パルス全体のことではないかと考えている。

このように、心と体の問題を含め、多くのものや事柄の線引きについてさえわたしたちは何もわかってはいないけれど、言葉には分節化作用があり、そのために人間は多くの思い込みをしやすいということはわかっている。

わたしたちは古くから使われている言い回しが現実そのものを正確に表現しているのではないということを意識して、新しい表現を求めていくべきだろう。

こう考えてみよう

言葉は決して現実を正確に表現しているわけではない。

14

言葉では説明できない世界があることを知る

この世は殺伐《さつばつ》としている。世間で幅をきかせているのは物量と金銭だけのように見える。そして、多くの人は物と金のためにあくせくと働いている。

誰も木々を渡る風を見ない。星の瞬きに心をとらわれない。多くの人は下を向き、紙幣を数えたり、電子機器を操作したりしている。

彼らは神の存在について考えないどころか、自分の眼に見えないものはすべてフィクションと考え、リアルは手元にあるものだけだと思い込んでいる。

では、本当にこの世はただ、物が充満するだけの世界なのだろうか。眼に見えないものには価値がないのだろうか。あるいは、眼に見えないものというのは本当に人間の想像が産んだフィクションにすぎないのだろうか。

すべてのことを言葉で説明できるわけではない

哲学者としてヴィトゲンシュタインは決定的に有名な一文を放った。彼の著書『論理哲学論考』の最後に置かれた次の一文である。

Wovon man nicht sprechen kann, darüber muß man schweigen.

この歯切れのいいドイツ語原文はだいたい次のように訳されている。

「語りえないことについて人は沈黙する」（木村洋平訳）

「語りえないものについては、沈黙しなければならない」（星川啓慈訳）

ここでいう「語りえない」とは、言葉で言い表せない、精確に表現も説明もできない、ということだ。

では、そういうものとは何か。たくさんある。たとえば、神。愛。崇高なもの。美。善悪。正義。あるいはまた、微妙な旨《うま》さといったものも含まれる。これらはみな、人の言葉の限界を超えているものだ。

したがって、これらのことについてあますところなく言語で説明することはできない。したがって、定義もできない。たとえば、クラシック音楽の短い一曲だけでも言葉で説明しつくせないのと同じことだ。

しかし、それらを言葉で完全に説明しつくそうとしてきたのが、哲学だった。

自分の心も神秘そのもの

なぜ、言葉で説明できないかというと、言語表現には限界があるからだ。しかも、この世界に対峙するには、言葉の表現領域はとても小さいからである。言葉はせいぜい事実的なことくらいしか言い表せないのだ。

だからといって、超越的なもの、神秘的なものがこの世界には存在しないということにはならない。

ヴィトゲンシュタインは『論理哲学論考』の６・５２２にこう書いている。

「言い表せないものはもちろん存在する。それは、それ自身がみずからを示すのだ。

それは、神秘である」（私訳）

ここに言われる「神秘」はなにも宗教的なものだけに限らない。時空間も神秘だし、各言語の文法も神秘だし、生命はもちろん、自分の心も神秘そのものだ。

そしておそらく、わたしたちの生活は、言葉で説明できる事実だけで染まっているわけではない。むしろ、言葉ではとうてい半分も説明できないもの、感じることしかできないもの、に満ちている。

だからこそ、わたしたちは悩み、即物的ではない事柄に喜びを覚えるのだ。まだ起きていないことにわくわくと胸はずませ、すでにないことに悔い、今に迷い、体にまとうものをファッションとして認識し、音の重なりや連続を音楽として聴くことができるのだ。

であれば、哲学はもはや知性だけが請け負う事柄ではなくなるはずだ。知性などよりも、より多くの感性が新しく哲学をになう必要があるだろう。
事実のみを、即物的な事柄のみを考えるならば、科学があるのだから。哲学はそうではなく、本当に人間的な事柄、つまり言葉を超える事柄について考えてナンボだろう。つまり、知性による学問ではなく、感性と洞察を根本に置いた学問らしきもの、として。

こう考えてみよう

この世界には非常に大切だが
言葉で説明できないことがたくさんある。

15

他人を理解するための努力をする

生活においても仕事上のつながりにおいても、人間関係は難しい。互いによく理解しあっていたと思えていても、実は肝心なところが噛み合っていなかったりする。価値観は人それぞれというのは頭ではわかっていても、考え方が自分に近いと思っていた人が急に遠く感じられることが多々あるものだ。また、同じ言葉を使って通じあっていたはずなのに、気がつくと意味がまるで異なっていたという場合もある。

これはどういうことなのか。コミュニケーションとは、そんなに難しいものなのか。あるいは、どちらかになんらかの問題があるのか。あるいは、他人というものはいつまでも謎のままの存在なのか。

ものの見方の「遠近法」

人は何に関心を持ち、何を重要だと考えているのだろうか。

一般的に人は、物理的にも精神的にも、利害においても、自分と自分の状況に近いものにまず関心を強く持つ一方で、自分から遠いものへの関心は距離に応じて薄くなり、あまり重要ではないと考える。

これはおかしなことではなく、誰にもあてはまるようなきわめてふつうのことだ。自分に近いことに関心を持ち重要だとしなければ、今の状況と自分にとって必要とされていることがないがしろにされてしまうし、ひいては生存が危うくなるからだ。

人のそういう見方、考え方を、ニーチェは「遠近法」と名づけている。ちなみに、人の遠近法的な考え方、見方については、ニーチェの思想に大きな影響を与えたショーペンハウアーも、二十世紀のフランスの哲学者メルロ＝ポンティも言及していることだ。

日本の諺《ことわざ》に「対岸の火事」という言い方があるが、これは遠近法的考えの特徴の一つだといえる。どんな災害があろうとも、自分にその災いが及ばない限りは安心していられるのだ。

わたしたちは、遠い外国での戦争や飢饉に胸を痛めて我が事のように苦しみはしない。けれども、自分の指を少し切っただけで大騒ぎしてしまう。

遠近法的に物事を見て、考え、判断しているのだから、わたしたちはまたいつも、遠近法的に感じ、理解し、意欲している。そこから何が生まれているかというと、この世の中がどうであるかという見方、つまり世界観である。

世界観と一口で言うけれども、誰の眼にもまったく同じに映っている普遍的な世界というものが物理的にどこかに存在していて、わたしたちが「世界」という言葉を使うときはいつもその世界のことを指しているわけではない。そうではなく、「世界」

と言うとき、わたしたちは自分の想像している世界だけを指しているのだ。

たとえば、数十年も一緒に仲睦《むつ》まじく暮らしている夫婦であってさえも、その夫と妻の見ている世界はだいぶ異なっている。なぜならば、誰もが自分の遠近法によってつくられた事象の総合を世界だと思い込んでいるからだ。

その世界とは、個々人が個々人のそれまでの知識と体験と感性によってつくりだしたものだ。つまり、仮構だ。

けれども、本人にとってはその仮構がリアルな実在の世界なのだ。その世界に本人はずっと住み、その世界に応じた世界観を持っているからだ。

「自分」も思い込み

その世界が仮構であることに本人はゆめゆめ気づいていないが、さらに知らないことがある。自分が考える「自分」もまた仮構だということだ。自分とは、仮構の世界に対して反応している自己という「人」なのだ。

そして仮構の世界の中でも、「自分の考えることや行ないは善とは言い切らないまでもおおむね正しく妥当なものだ」と遠近法的に考えている。

ややこしいが、「自分だ」と「私」が思い込んでいる「自分」とは仮構の中でつくられた仮構だということになる。もちろん、それは他人が見ている自分とはまるで異なっている「人」だ。

こうしてわたしたちは一つの話題について同じ言葉を発してうなずいていながらも、実はまったく異なる「それぞれの世界」を見ているということになる。

意見や考えが相反した場合に「あの人とは価値観がちがう」という言い方をするけれど、本当は根底にある世界観が異なっているのである。他人との意思疎通の困難さやどうしても埋まらない誤解はこういう深い場所から来ている。

では、わたしたちは互いに深いところで本当に意思疎通などできていない、互いを理解できていないということを嘆くべきなのだろうか。

いや、嘆いていても仕方がない。

それでもなお、わたしたちは相手とのコミュニケーションを多くするしかないだろう。どこに誤解やくいちがいがあるのか、考え方のどのあたりがちがうのか、そして問題についてどう対処すべきなのか、**言葉の数を増やし、話す時間を増やし、あきらめないで相手を理解するよう努めていくべきだろう。**

その我慢強い態度は、ほぼ愛と呼んでもいいかもしれない。齟齬《そご》や誤解を克服するこの愛に似た忍耐がなければ、暴力がしのびこんでくる可能性が高くなる。無視、強制的な従属、排斥、差別、非容認、攻撃、侮蔑《ぶべつ》といった暴力である。

こう考えてみよう

見えている世界は一人ずつ違うが、あきらめずに相手を理解する努力を続けることに価値がある。

16
言葉の向こう側にある思いを汲みとる

孤独とは、独りでいるという状況のことではない。孤独とは、自分が誰からも理解されないことだ。

相手を理解し、自分も理解してもらう。そうすることによって、ようやく世界もまた少しずつ理解できるようになる。

人は社会的動物だからコミュニケーションを必要とするのではなく、コミュニケーションがあるから人は生きることができるのだ。

では、わたしたちは本当に相手を理解しているのだろうか。あるいは、本当に自分を理解しているのだろうか。たとえば、その初歩として、相手が口にした言葉を。

理性とは相手の気持ちを汲みとること

ドイツ人はどんな人でも「理性的に」（フェアヌンフティッヒ）という言い方を日常の会話でもよく使う。

一方、日本語の理性という言葉は約百年前につくられた造語だが、いまだによそよそしく冷たい感じを与えるせいか、ふだんの会話での使用はそれほど頻繁ではない。あるいは、「まあ、ちょっと理性的に」という発言があったりすると、なんだかたしなめられているような感じを受けるものだ。これは「理性的に」という言葉が、日常会話になじんでいない、高踏《こうとう》的な雰囲気を持っているからだ。

理性を意味するドイツ語はフェアヌンフト（die Vernunft）という。これはフェアネーメン（vernehmen）という動詞から来ている。フェアネーメンとは、聞き取る、聞き分ける、という意味だ。

この動詞は、たんに耳で音声を聞くだけのことを意味していない。フェアネーメンは、聞き取った言葉の意味内容、その思想内容を把握するという意味がある。つまり、理解力がある聞き方を指している。

たとえば、部屋に入ってきた人が、「ちょっと蒸し暑いね」と言ったとする。たんに相手の言葉を聞いただけならば、この発言に対して、「はい」とか、「そうですね」と答える。

しかし、もう一つの答え方と反応がある。それは、「では、エアコンのスイッチを入れましょう」と答えたり、窓を開けて風通しをよくしたりする行為だ。

こういう反応は相手の言葉の意味内容や、直接的に言葉にしてはいない相手の気持ちを理解しているから、ドイツ語でいえばフェアネーメンの聞き取り方をしたわけだ。

それが理性ある聞き方の一つだ。

すると、理性ある聞き方は、相手の言葉の向こう側にあるものを汲みとろうとする態度、あるいは相手をいたわろうとする態度、やさしさが含まれていることになる。
ちなみに、「（その場の）空気を読む」ことも一種の聞き取りといっていいだろう。

相手とわだかまりなく話す

書物を読む場合もほぼ同じだ。読書もまた、相手の言葉を聞くことだからだ。だから、その書物にどういうことが描かれているのか、どういう思想が表現されているのか、理性ある読み方をしていなければ把握できないことになる。記載されている言葉をなぞるだけならば、どんな本もありきたりで退屈なものになってしまう。
文芸作品であっても、その文章をなぞって読むだけならば、たとえば川端康成の小説は情痴を、コーマック・マッカーシーの小説は暴力を、セルバンテスは狂気を書いたものでしかなくなる。

昨今は有名な古典作品を理解することを目的としてそのストーリーをダイジェスト

にして紹介する書物があるが、あれを読んでも古典を読んだことにはならないのは、卵の殻《から》を舐めて卵の味を知ったと思い込むのと同じことだからだ。

つまり、読み取りができないからだ。粗筋《あらすじ》だけで読み取りはできない。作品そのものを読むことでしか意味の把握や読み取りは不可能だ。

かつては各自が遠隔地にいてもパソコン通信によって会議が可能になると予想されていた。しかし実際にはそうならなかった。各人が顔を揃えてしか有効で実りある会議は可能ではないからだ。通信を通じては、いわゆる相手の本音、真意が汲みとれないからである。

相手の真意が汲みとれないような人でも、いかにも汲みとっているかのように対応する手順がマニュアルというやつだ。

しかし、いかに精緻なマニュアルであろうとも、それが通用する範囲はごく狭い。人間は面と向かっている相手がマニュアル的な対応しかしていないか、本気で対応しているか、察知できる感性を持っているからだ。

では、どのようにしてわたしたちは発言や表現の向こう側にあるもの、意味内容や思いを読み取ったり、汲みとったりできるのか。

日常にあっては、相手と顔を合わせてわだかまりなく話すことである。同じように、読書にあってはその本そのものをたくらみなく読むこと、人生にあっては自分で生きてみることしか方法はない。

しかも、真摯な態度で。自分をさらけだして真っ直ぐに向き合うことで。そのときにこそ理性が働いて、深く汲みとることができる。そしてまた、自分についての事柄も以前よりずっと多く相手に汲みとってもらえるだろう。

なぜならば、真意の汲みとりにせよ、理性の働きにせよ、それは繊細な思いやりの感受性に負っているものだからだ。

こう考えてみよう

真摯な態度で、自分をさらけだして向き合えば、お互いに深く汲みとることができる。

17

自分の中の「野生」を意識する

かつては狩猟、護衛、食糧といった実用目的の家畜であった犬は、現代において愛《あい》玩《がん》動物、つまりペットとして飼われている。もちろん犬に限らず、ペットが癒しを与えてくれるからだという。

けれども、その場合の癒しとは何か。音楽や芸術作品、嗜好品や高性能マッサージ機が与えてくれる癒しとは異なるのか。お金で買えない癒しなのか。なぜ、人ではなく、犬のようなペットが癒しの力を持っているのか。

犬は「現在」そのままを生きている

十九世紀半ばの哲学者ショーペンハウアーは、犬がこの「今」に生きているから、人はそこに生き物としての自然的な幸福を感じるのだと考えている。

犬は、つねに「今」をそのままに受けとめて反応している。喜びが生まれればすぐに全身で喜び、恐れがあれば怯《おび》え逃げる。眼前の状況と自然にあらがうことがない。

犬は生について考えず、今の命をそのままに生きることしかない。もちろん、死についても考えない。信じることはするが、心配も想像もしない。だから、疑いなど最初から皆無だ。ただ、現在に直接に触れて瞬間瞬間を生きている。

そんな要約よりもショーペンハウアー自身の言葉をいくつか『自殺について』から引用したほうがもっとわかりやすいかもしれない。

「動物はわれわれよりもずっと、現実の世界に生きることだけに満足している」

「動物はわれわれ人間と比べて、ある意味で本当に賢いと言えるのである。すなわち、安らかでくもりのない現実の享受である。動物は肉体を得た現実である」

「われわれがペットに対して抱く喜びは、まさにこの動物特有の現実への完全な埋没によるところが大きい。ペットたちは擬人化された現実であり、われわれに屈託のない、くもりのない時間の価値を感じさせてくれる」

「……動物の性質、すなわちこの世に存在することだけにわれわれよりも満足しているということ」

人に飼われていながらもこういった野生や本能をあらわにして生きていることを見せてくれるからこそ、犬をはじめとしてペットたちは人の癒しとなりえるのだ。

つまり、わたしたちがこの現代生活の中で忘れつつあるものを身近にしてくれるからだ。それは野生であり、生命の純粋な活動だ。

もちろん、人間にも野生はあるが、社会性と文化に厚く覆われてしまっている。たとえば、野生がもろに顕《あらわ》れる性的な事柄を隠すべきものだとするような一種の社会的馴化《じゅんか》と無言の制約である。

しかし、わたしたちも生物である以上、自分の中の純粋な自然にほかならない野生性こそが今の生と身体を支えている。いくら知性があろうとも、いくら科学やコンピュータが発達しようとも、ひっきょう人工的なものは人間に生き続ける力や現実への十全たる満足を与えることはない。

人工的な環境である都会に住む人々が身近に緑を欲しがるように、わたしたちの心身は野生性を欲しがる。それを与えてくれるのがペットなのだ。ロボットの犬や猫が持ちえないのはその野生性なのである。

だから、ペットの犬や猫がかわいいのは幼児に似ているからだと言う人さえ、結局はその野生性、心と身体の反応が分離していないことを好んでいるわけだ。幼児はまだ文化的人間になっていないし、その意味で状況の甘受についてはまだ動物に近いからだ。

人間にも野生性がある

ところで、ある人々は無意識な野生性の発露として、いわゆる不倫や乱脈な関係を求めることすらある。また、別の人々は内なる野生性に含まれている荒々しさを暴力やドメスティックバイオレンスという形で爆発させる。

それらは違法とされている。しかし、その法や倫理自体こそが社会や文化がつくりあげた人工環境からの縛りでしかない。野生性の現れはその縛りから脱して本能の本来の自由を獲得するためになされるのだ。

したがって、いくら法を強化しようとも、倫理教育を徹底させようとも、現代社会の人工性からの脱出願望はかえって激化するということになる。

もし、そういう野生性のいわば自然的な発露を徹底的に抑圧しようとするならば、室内だけで飼われる犬や猫が心身症になるのと同じように人間もまた深く病み続けるだろう。

つまり、ペットが一個の生命として持っている野生性を完全に抹殺できないように、人間の心身にわたるいっさいを社会という枠の中で飼い馴らすことは不可能なのだ。人間は知性を持ちながらも、生き物の形としては動物だからである。

このように考えてくると、旧約聖書の「コヘレットの書」第3章18節以下にある次の言葉は直截《ちょくせつ》的ながらも深遠な示唆に富んでいるように響いてくる。

「自分が獣であることを人間にさとらせよ。人の生死と獣の生死にちがいはない。人も死に、獣も死ぬ。どちらも息をする。人が獣にまさるなどと驕《おご》りたかぶることなどまさしくむなしい」（フェデリコ・バルバロ訳）

人はいつも理性的でも知的でもない。さらに動物的でもある。

そのことを忘れず、わたしたちの内なる野生性への飢えを考慮して人間というものを見なおすことができるのならば、若者たちがなぜワイルドなものを好むのか、なぜ暴力性や性犯罪が矯正できないのか、都市が巨大化するほどになぜペットショップが増えていくのか、等々、多岐の社会現象について新しい理解が生まれてくる可能性があるはずだ。

こう考えて
みよう

自分の中には野生が残っていて、動物的でもあるのだと意識する。

第3部

ニーチェが教える力強い生き方

18

現実をすべて引き受ける

この世界に生きるとは自分が価値づけ意味づけた世界に生きることだ。つまり、この世界を生きるとはこの自分を生きることだ。この自分の感じ方と考え方こそが今の世界にリアリティを与えているからである。

それにしても、世界は快適で美しいばかりではない。むしろ、底知れぬ不安、醜さ、残忍さ、不潔さ、悪さ、愚かさ、狡猾さ、怠惰、などにあふれている。だから、それらから意識的に目をそむけて生きるべきなのだろうか。

本来あるべき姿などは存在しない

世界から美しいものだけを選んで、その中に生きる。これは心の向け方しだいで可能のように思えるかもしれない。しかしやはり、実際には不可能なことだ。なぜならば、世界はいっさいが密接に結びついているからだ。

ニーチェは『力への意志』（331）で次のように述べている。

「この世界で起きているあらゆる事柄の歩みには、孤立している要素など何一つもない。どんなに小さなことでも、全体をになっている。その最小の要素なしに全体は成り立たないのだ。

ちょっとした不正を誰も見ていない場所で行ったとしても、未来をつくるすべての構成に関係することになる。ほんのささいなことに向けられる非難ですら、全体を断罪することになるのだ」

それなのに人は、これこれのことは公正ではない、これではあまりに不完全だ、という。まるで、公正であり完璧であることが本来あるべき姿であるかのように、だ。

公正や完全性が夢であること、自分のはかない願望であることを忘れている。ありえないことが現実として起きなければならないといっているのと同じなのだ。完璧なる三角形が現実に描けなければならないと主張してやまないのと同じだ。

現実は今ここにこうしてある。現実は理想や夢や願望とは関係なく、物理的にちゃんとここにある。そして、今ここにある現実は、誰か愚かな者が邪魔してめちゃくちゃにしたものではない。ほかならぬ自分が参加してつくったものなのだ。すでに起きた事柄について、こうあるべきだ、こんなふうにあるべきだったとくだくだしく主張したりするのは、自分の絵空事として描く願望や概念こそ現実のあるべき姿でなければならない、と言っていることと同じなのだ。

原因と結果は論理ではなくてストーリーにすぎない

あのときああすればよかった、こうすれば結果はちがっていた、というふうに、起きた事柄の中に原因と結果を探し、悔いたり責任を追及するのも、願望が紡いだ架空をあたかもありえた現実のように考える錯誤だ。

ああすれば別の結果になっていた、などと断定することはできない。ああしたとしても、同じ今を迎えている可能性も大いにある。

原因と結果という古くからある考え方はいかにも論理的に見えこそするが、本当は物事を勝手な方向から眺めてストーリーをつくっているだけなのだ。

事柄を大きく動かした要素をチョイスすることなど、とうていできないだろう。考えられるどの要素も密接に結びついているからだ。それらは精密な歯車のようなものであり、一つが欠ければ全体は成り立たない。全体とはこの現状のことだ。

芸術としての哲学を目指したニーチェはこういうふうに考えながらも、これらの考えの精髄をたった一文によってでも表現している。

「あるべき人間、これは、『あるべき樹木』ということと同じく、私たちの耳にはいとわしく響く」（『力への意志』332）

あるべき樹木。これほど滑稽な願望はない。あるべき犬。あるべき雲。現実はこうあるべきではないと嘆いたり叫んだりするのは、それほど場違いで滑稽なことであり、今のこの生を否定することになるわけだ。

だから現実を見てあきらめよ、というのではない。この世の現実をつくることに自分が深く関わっていることを覚悟したうえですべてを認め、引き受ける度量、強さを持つことが必要となるのだ。

そうでなければ、人生は後悔と失敗の山になってしまう。あるいは、あるべき事柄を迎えられなかったのは自分以外の人のせいにしてしまうことになる。

もっと悪い場合は、後悔したくないために、世界はこうあるべきだという夢想で膨張した絵空事の思想や、今を軽んじる傾向を持つ宗教に逃げ込んだりするのだ。

そういった態度はまさしく現実をまっこうから否定することであり、まさしくニヒリズムの態度になる。そういうニヒリズムを踏み越えていかなければ、この世を生きていくことはできないのだ。

生とは、逃げることではない、悲嘆することではない。強く生きていくことだ。

こう考えてみよう

この世の現実のすべてを認め、引き受ける。

19

勇気をもって決断する

人生のまったただ中で、若い人たちがとまどっている。この人生の中で、何をどうすればいいかわからないからだ。

迷い、怯え、自己過信などとうの昔に失い、さらには残る自信を削られ、自分の力のなさと能力の乏しさを感じるだけの日々。そうこうしているうちに、望みの多くを達成しないままに、確実に歳だけが増えていく。

誰もが常に人生の初心者だ

実は、こう感じているのは若者だけではない。いい歳をしたオトナも同じなのだ。

なぜならば、みな人生の初心者だからだ。

ところが多くの人は、オトナはいわば人生のヴェテランだと思い込んでいる。自分は人生のヴェテランだと称する中高年も実際にいる。

けれども、十代のときに面したのと同じ問題が三十代になってもまったく同じ形で自分に向かってくるわけではない。三十代になれば三十代の問題がつきつけられる。七十代になれば七十代の、そして衰弱や病気などの逃げがたい問題が加わる。そういう意味で、誰もがその時点において人生の初心者なのだ。

もしそうでなければ、たとえば親の助言を聞いて同じように実行する若者ほど人生がたやすくなる。ところが、親の助言や知恵は有効ではないことがしばしばだ。すでに親が経験した時代とはまったく別の時代が今だからだ。よって、いつも昔の解決方法が有効だというわけにはいかない。

昔の事柄にしか習熟していない親の助言や知恵が現代で無効ならば、若い人の問題や悩みを助けるのは何だろうか。書物だろうか、現代の問題についての新しい考え方だろうか。

それらはときには有効であり、ときには有効ではない。なぜならば、個々人の問題に直接的に具体的に役立つようなものはないからだ。だからこそ、それぞれの人がそれぞれの個人的な人生を選んでいく意味というものがあるのだ。

問題の前でぐずぐずせず決断する

それはともかく、問題解決に役立つものをどこかに探すという依存的な姿勢を脱すべきだろう。では、人生最初の問題に面したときにはどうすればいいのだろう。

確実な答えがある。問題の前でいつまでもぐずぐずしていないことだ。すなわち、決断をする。

その決断がまちがっていたらどうしようなどとは絶対に考えない。決断を自分で引き受け、自分で取り組むのだ。うまくいくかもしれない。ひどい目に遭うかもしれない。その中間かもしれない。いずれにしろ、事態は必ず変転する。

これは、超人のやり方の一つだ。おじけづいて引き下がらない。人目を気にしない。前例の真似をしない。おずおずと取り組まず、何事にも堂々と果敢に取り組む。**そして、どういうことが起きようとも反省などしない。もちろん、後悔もしない。**

自分の決断が新しい時代を生むことになったら、また自分で決断する。そして力の限りに取り組む。そうしていくうちに、すべてが変わる。自分すら変わる。

それには少しの勇気が必要だ。その少しの勇気すら持とうとしないならば、人生はいつのまにか耐えがたい地獄になってしまう。しかし、少しの勇気で決断すれば、人生はとても面白くなるのだ。

こう考えてみよう

問題に対してはすぐに決断し、取り組む。
結果については反省も後悔もしなくていい。

20

贅沢を味方につける

やせた土地には作物が育たない。これと同じことが人間にもいえる。貧しい状況から豊かなものは生まれてこない。

だからといって、経済的に豊かな状況からのみ何かが生産されるということではない。心が豊かであれば、あるいは豊かな感受性を持っていれば、そこから生まれてくるものが必ずあるということだ。

豊かな知識、豊かな経験、豊かな能力、豊かな力、豊かな度量、そういったものから必ず生まれるものがある。

しかしまた、十分な能力や感性を持っていようとも、それを使わなければ何かが生まれてくるということはない。そういう意味で、豊かさから生まれるものは多い。贅《ぜい》を好む気持ちからでさえ、蕩尽《とうじん》からでさえ生まれるものがある。

ケチ、節約、出し惜しみ、陰鬱、死蔵、衰弱、弱気、過度の貯蓄などから豊かなものは生まれない。それは、豊かに生きられない、人生を十全に生きられない、いきいきと生きられないということを意味する。

人間はもともと贅沢が好き

たとえば、返済に数十年もかかるローンを組んだために好きな本も買えずに図書館から借りては返し、質の悪い衣服をまとい、質素な物を食べなければならない生活というのは、それ自体が豊かなことではないし、豊かなものを生むのがとても難しくなる。実際に、そのために子供すら育てられない家庭があるのだ。

粗食だの節約だの質素だのというのは、早々に人生を見切った老人にまかせておけばいい。わたしたちは人生を見切るという愚をおかさないためにも、豊かさを好み、贅沢を味方にしておかなければならない。

そうでないと、ただ生きるだけになるからだ。税金をはじめとした支払いのためだけに生きることが人生といえるのだろうか。それはそもそも人生と呼べるのか。豊かに、多彩に、悲喜こもごも、味わい尽くすのが人生ではないか。

あのイエズスさえ、粗末な衣服をまとってはいなかった。イエズスが十字架につけられたとき、イエズスの服を軍人達がクジ引きで分けあったのは、イエズスの服の布地が安価なものではなかったからである。

ニーチェもまたひどく質素な生活はしていなかった。昼はいつもホテルのレストランでステーキやオムレツを食べていた。そのニーチェは、人間はもともと贅沢を好むものだと述べている。

人は豊かさを好むものだ。禁欲よりも放縦《ほうじゅう》になびく。誰が好んで広い空よりも狭い空をあおぎたがるだろう。誰が好んで、多くの可能性よりもわずかな手だてを選択するだろうか。人間の本性の顔は贅に向いているのだ。

贅沢は人間の能力を解放する

わたしたちは、机上の計算をするだけで金銭を得ることが当然だと思っているような人間にだまされてはいけない。これだけの金しかないのだからこの程度しかできないと彼らは口にするのだ。彼らは金こそ可能性と力だと思い込んでいる。

数字の計算が重要だと思っているような彼らより、本当に生産にたずさわっている人たちは知っているはずだ。

狭さよりも広さ、制限よりも解放、圧迫よりも自由、計算上の明日よりも望みを含んだ今、貧弱よりも豊満、臆病よりも大胆、反撥よりも限りない抱擁。そういったもののこそが、人間をもっとも人間らしい自由に導き、そこから新たなものを生むことを。

かがんで身構えていては何もつかめない。踏み出し、進み、手を伸ばし、欲望をあらわにし、求めなければならない。贅沢は何かを捨てることではない。何か新しいことを得ることだ。贅沢は自分の中にある能力を全面的に解放することなのだ。決して臆病であってはならない。

こう考えてみよう

贅沢を追求し、能力を解放し、
そこから生まれてくるものをつかみ取る。

21 自分のルールで生きる

世の中をどう渡っていけばいいのかという処世について書かれた本は多い。また、倫理や道徳を教える人も多い。これこれをしてはいけない、人にはやさしく親切に、相手の立場に立って考えろ、等々。

それらがさらに細分化されて実践的なものになったのが、いわゆるノウハウとかハウツーというものだ。それだけではあきたらず、特定の現場でもっとも有効なハウツーすら出てくる。それがマニュアルだ。生き方、商売、あまつさえセックスにまでマニュアルが用意されている。

なぜ、自分で考えて自分なりに実行しないのか。世間の目がそんなに怖いのか。あるいは罪悪心を持つのを恐れているのか。それとも、自分で考えることすらできないのか。

たぶん、教えられた通りにやればうまくいくという迷信が蔓延《まんえん》したあげく、それがあたかも真理であるかのように信じられているのだろう。

教えられた通りに勉強しておけば、テストでいい点数がとれる。それをくり返してきたあげく、考え方が固まってしまっているのだろう。だから、学校での成績のよかった人はもろい。挫折すると立ち直りにくい。

固定観念を超越せよ

人生は固定観念を習う時間ではない。自分が生きていく時間であり、自分が生きていく場だ。頭と行動を既成のありふれた固定観念で染めてしまうと、自分はいなくなる。自分の中に古い他人がたくさん詰まっているだけだ。そんな人に個性などないのも当然だ。

定年を迎えた人が「第二の人生」と称して、俳句だの絵画だのエッセイだのを始める。彼らは誰もプロになれない。下手な俳句、下手な絵画、下手なエッセイ。なぜ自分が下手なのか理由さえ知らない。

その理由はシンプルだ。固定観念で物事にあたっているからプロになれないのだ。俳句とはこういうものだ、絵画とはこう描くものだ、という固定観念しか頭の中にないのだから仕方がない。

人が何かクリエイティブなことをして成功したいのなら、必ず概念、固定観念、常識といったものを超越しなければならない。名人や芸術家というのはそれを果敢にやってきた人々のことなのだ。固定観念の再現とか人の真似事がクリエイティブであるわけがないのだ。

誰もの固定観念にある何か、ではなく、自分の中にある何かを表現することがクリエイティブというものだ。**そして、多くの人がつい忘れがちになっていることだが、**

この世を生きていくこともまたクリエイティブなことなのだ。

自分主義で突っ走れ

要するに、多くの人は自分を生きずに世間の人々を生きている。だから、こういうことをすれば隣近所はどう思うだろう、親戚から白い眼で見られないだろうかと危惧するのだ。

自分の中に自分なりの道徳も価値も基準もタブーもない。そういった精神をささえるものすら、世間に依存している。これでは、自分を生きている、とはいえない。

したがって、この一回限りの人生を本当に生ききりたいのなら、自分主義でいかなければならない。自分が自分のルールを決め、自分がその責任をとるのだ。人にいわれたことをするのではなく、自分の意志と計画で行動するのだ。

そういう生き方は他人から見たら、とてもわがままで自己中心主義に見えるかもしれない。自由奔放で、掟破りで、アウトローに見えるかもしれない。けれども、そういうふうにしてこそ、自分というものがつかめるのだし、自分の能力を発揮できるものなのだ。

そのことは他人にはわからないかもしれない。いや、わかる人はまだ少ない。誰も理解してくれないどころか、世に認められないかもしれない。

しかし、いつか必ず、それが斬新なことだと認め称賛してくれる人が現れる。でも、そこで立ち止まってはならない。さらに自分主義で行く。突っ走るのだ。

これこそ、新しい時代を運んでくる人間の生き方なのだ。

こう考えてみよう

人生を本当に生きるには、
自分のルールで生きて、
その責任をとることだ。

22

真の教師を見つける

教師たちというのは、人間に似たいくつかの動作と反応を身につけた機械のようなものかもしれない。

彼ら自身が何も知っていないのに、指導要領というテキストに忠実にしたがってあたかも多くを知っているかのようにしゃべり振る舞い、そればかりか、他人の子供に点数までつける。そこにあるのは虚偽と偽装と傲慢ではないだろうか。

それは今に始まったことではないらしい。十九世紀に生きたニーチェは幾度も教師の真偽について書いている。

「良い教師は、教え子が教師に逆らって子供自身に忠実であることが自分にとっての誇りだと知っている」

「真の教師ならば、教え子の能力を解放してくれる」

資格を持っていてもまともな教師だとは限らない

社会のシステムがいよいよ巧妙に緻密になるほどに、何事においても真偽がわかりにくくなるだろう。誰が正義をわきまえている弁護士か、誰が脱税請負人ではない税理士か、誰が自分にしか興味のない政治家でないのか。誰が詐欺師ではない保険屋なのか、誰が人間としてまともな教師なのか。

おそらく、自分の能力を問われたくない者だけが資格が必要な職業につきたがるのだろう。なぜならば、資格は全身を隠して余りある大きなマントになるからだ。

教師の資格試験に受かったから教師でありえるというのはおかしい。システムがそうなっているから、システムが内実まで保証していると考えるのはまったく逆さまのニセ論理だ。

だから、教師の試験に受からないのに教師たるべき人物も少なくないだろう。資格などのシステムは内実や能力までを見通す目など持っていないのだ。システムをいくら充実させたとしても、かえって多くのことがブラックボックスになるだけだ。生身の人間が関わる事柄は絶対に機械化できないはずだ。

本当の教師は能力を開いてくれる

ニーチェが洞察したように、本当の教師とは相手の能力を開かせてくれる者だ。つまり、知識をマニュアル通りに教え、知識の暗記度合いをテストすることしかできないのは本当の教師とはいえない。

本当の教師はさまざまな角度から能力を自覚する契機を与えてくれる人だ。知識など二の次にすぎない。日陰に押し込められている能力を解放させてくれれば、必要な知識などはおのずと吸収されてくるものだからだ。

そして、そういう真の教師は生身の人間とは限らない。書物である場合も多いだろう。風景かもしれない。一皿の料理かもしれない。ある見知らぬ人間の態度かもしれない。飼い犬かもしれない。

犬が教師になるかもしれないというのは隠喩でも皮肉でもない。人が犬などのペットを飼うのは、本能という自然にしたがういさぎよい態度に魅了されるからだ。「17 自分の中の『野生』を意識する」でも書いたように、動物はいつも今を生きている。来るべき時間に起きることを想像して心配したりしない。過去を振り返って悩んだりしない。つねに今を受けとめて生きている。空腹ならば食べ、空腹でなければ餌に見向きもしない。

素直に本能にしたがい、恥じることもない。欲望を明瞭に露出する。それでいて、自分だけよければいいという態度をとらない。喜ぶときは素直に喜ぶ。しかし、多少の我慢とあきらめも知っている。彼らは真っ直ぐに生きているのだ。

人間もまたそういう生き方にあこがれている気持ちがあるから、ペットを飼うのだ。
ペットの癒しというのは、自然に生きることを見せてくれるからなのだ。
その意味で、一匹の犬でさえも、わたしたちの良き教師になりえるのだ。もちろん
そこには、人間が押し込めているものを解放してくれるという働きがある。
これこそ、教師と呼ばれるものの最大条件ではなかったか。

こう考えてみよう

真の教師は能力を解放してくれる。
それは人間とは限らない。

23 本能にしたがう

これまで何も悪いことをしていないのに、軽蔑されたり、野蛮だとなじられたり、異常に警戒されたりするのは不当なことだろう。現代ならば、冤罪や名誉毀損で訴えられる。少なくとも差別されていることは疑いない。

これがずっと行なわれている。特定の個人や民族のことではない。過去から今までの多くの人間のことだ。しかも、誰もが持つ本能のことだ。

本能は動物的なものであり、人間的なものから遠いという。本能は理性よりもはるかに下にあるものだという。高度な文化生活にそぐわないものだという。本能のままに生きるのはよくないものだという。

欲望と本能とは違う

本能をそのようにおとしめたのはキリスト教ではなく、キリスト教の神学だ。かたよりのない哲学的思考に未熟であった神学者たちは、欲望のままに生きることと本能の働きを取り違えてきたのだ。

欲望こそ、本能とはまったく関係のないものだ。欲望とは、自分の嗜好《しこう》に合わせて選んだうえで手に入れようとすることだ。

本能は、欲望せずに、欲求する。欲求は生命維持のために働く力だ。

だから、喉が渇いてたまらない場合、欲望はどうしても炭酸飲料を飲みたいと強く求める。あくまで好みで選択するのだ。

その一方で、本能の働きである欲求は、とにかく水分なら何でもかまわないと求める。泥水でも、小便でもいいから、喉をうるおしたいと切実に求めるのだ。

本能は純粋なのだ。命をつなぐためにのみ人を根底から動かしているものだ。ニーチェはこのことをよく知っていて、本能こそ人間の最大の理性だとした。その表現だけでは一種の反語のように聞こえるが、真実そのままの表現なのだ。

本能にしたがうと人間的な喜びが得られる

セックスもまた本能が要求するものだ。キリスト教神学では、性交は子供をさずかるためのものだから快感を求めるべきではない、とした。しかし、快感の喜びがあるからこそ、射精と受精が可能になるのだ。

そしてまた、そういう行為を愛し合うことだと名づけるのはごまかしではない。本能も含めて全身で愛し合うからこそ、人間は生命を維持し、今まで生命をつないでこられたのだ。それが本来の人間的な喜びでなくて何であろう。

人が反射的に危険や死を避けるのも本能の働きだ。ふと身をかわしたり、頭を守ったりする。それは知や理性によって習得されたものではない。本能が働いたための重要な動作だ。

道徳というものが導く価値判断においてもそうだ。道徳の価値判断が隠し持っているのは、こっちの選択や行為のほうが人間社会にとって有利だという功利性だ。そこには、理由や根拠がある。

しかし、本能の価値判断にはこざかしい理由ももっともらしい根拠もない。ただ、そうするだけだ。あれこれと説明がつかないのだが、真の意味で人間の命を助ける価値判断を下しているのは確かだ。

実は、現代人を苦しめているものの多くは知や理性というものの無駄な働きだ。頭を働かせるほどに悩みは深くなる。前例、体験、想像、予想、記憶がわたしたちを苦しめている。

これこれすればどうなるか。あれをしたからこうなった。どうやればうまくいくか。

これから何をすべきか。こういった頭の働きがわたしたちの悩みをいくらでも発芽させ育てているのだ。

それよりも、もっと素直に、本能を尊重して今をこざかしくなく生きるべきではないのか。**ふりかかる苦しみも楽しみもすべて受けとめて満足するのが、本来の生き方ではないだろうか。**

それこそ、かつての英雄とか支配者の堂々とした生き方の基本だったのだ。

こう考えてみよう

本能を尊重して生きれば、
生きる喜びが得られる。

24

相手を尊重する

老婆が重そうな荷物を棚に上げられずにいる。自分が代わりに荷物を棚に上げる。小さな人助けだ。このとき、わたしたちは老婆がかわいそうだから手伝ってあげるのだろうか。非力に見えるから力を貸すのだろうか。

ニーチェは、相手がかわいそうだから助けるという理由がそこにあるのなら、それは相手を侮辱しているのと同じだ、という。誰かに助けの手をのべるならば、自分のあり余る力のゆえにそうせよ、と。

もし同情心から助けるのならば、それは勝手な妄想を事実とすることだし、あるいはまた相手を自分よりも低いと見たことになるからだ。それこそ、人助けという名目で人を自分より低く見ていることになる。

苦しみも困難もその人のものだ

誰かが苦しんでいること、困っていることは、それ自体が悪いことだろうか。人の苦しみや困難を見たらすぐに同情を示すことがいつも善なのだろうか。

苦しみや困難はその人のものだ。その人の人生の過程、その人の在り方に属しているものだ。他の人からはとうていうかがいしれないものを抱えたうえでの苦しみと困難なのだ。

そういう苦しみと困難をどうにかして乗り越えて、その人はいっそう高い人になるのだ。だから、苦しみと困難はその人が生きていくうえで、より高級な人間になるための必要な要素となっているはずだ。ニーチェは「苦しみの地獄の道を通って天国に行く」という言い換えもしているくらいだ。

それなのに、安易な同情から手伝いを申し出ることは、「あんたの苦しさはだいたいこんなものでしょう」と決めつけるのと同じことなのだ。

つまり、人が抱えているものをまったく平板化したり軽視したりする態度が底にあるわけだ。その態度はやはり相手を蔑視することだ。助ける行為をしながら、さげすんでいるのだ。

相手を尊重する気高さを持て

ニーチェは、古代の英雄や支配者のような生き方をしてみたらどうだという。

それは威張った生き方ではなく、自分に誇りを持ち、相手の誇りをも尊重するような精神を持った生き方だ。古代人が戦争をするときに、互いに対面して名乗りあったのも、相手を尊重する態度からだ。

現代人は映画やテレビといったフィクションを見て、英雄や支配者は勝手気ままに猛威をふるって他人のことなどかえりみないと思い込んでいるようだ。それは誇張されたフィクションであって、古代の彼らは現代人が思いもつかないような気高さをも持っていた。その一つが相手を尊重する姿勢だ。

社会が公共の福祉として提供してくるものも、どこか人間を尊重しないところがある。この設備を与えれば、この程度の金額を給付しておけば、その程度でなんとか間に合うだろうという考えだ。

ここに尊重の精神は見られない。わたしたちもそういう人間でいいのだろうか。もっと高い人間になっていくほうがよいのではないだろうか。

この経済社会にあって、金銭は重要だ。けれども、もっと次元の高い場所での重要なものがあるのではないか。それをニーチェは独特な皮肉やからかいの表現を使いながらも示してくれている。

こう考えてみよう

同情は相手を尊重することではない。相手の困難を軽視してはいけない。

25 洞察力を養う

人生においてどうしても必要なものは知識の他に、洞察がある。

確かに、知識は知恵を生む母胎になるものだ。しかし、おおかたの人はテストに合格するためだけの知識と処世の知恵くらいで満足してしまう傾向にある。しかし、そういう知識と知恵がいつもその時代その場所で有効だとは限らない。

一方、洞察は正体を見破る力を持っている。誰によって何がそこに隠されているのかを透視する。あらためて考えることなく、中身をあてることができる。

十九世紀までは、機智と洞察が分けられていた。今では、洞察に機智の一部分が含まれ、全体として洞察とされることが多い。

だから、一般的な概念から何か新しいことを導きだすのも洞察であるし、それぞれ関係ない個々の事柄からどんな人にでも通用する一般的概念を引き出す能力もまた洞察とされる。

だから、ある意味で洞察とは、現実の生活や仕事に役立つ「悟りの力」のようなものだ。「悟り」というのは、その字義の通りに理解のことだからだ。言い換えれば、深い理解と、その深い理解による応用が洞察なのである。

人生の中で決断しなければならないときも、洞察が役立つ。現存の知識だけでは足りない。

もっとも、洞察がいつも正しいとは限らない。それは、ニーチェの洞察にしても同じことだ。しかし、まちがった部分があろうとも、ニーチェの洞察の仕方はわたしたちに新しい見方、新しいおもしろがり方を教えてくれている。

感受性と強靭な精神が洞察力を養う

ふつうの生活では、自分の洞察は秘密にしていたほうがいい。他の人にはとうてい理解しがたいからだ。また、他の人は、どうしてそう思うのかと論理的根拠や理由やデータを知りたがるものだ。洞察にそういうわかりやすいものはない。

洞察と勘は、似てはいるが、ちがう。勘は観察を土台としたもので、対象に広く大きく網をかけるようなものだ。

洞察のほうは鋭く切り込む。すぱっと切って断面を見る。洞察は視線の一種の名人芸みたいなものだ。洞察はドイツ語でScharfsinnと書くが、これを直訳すれば「鋭い感覚」となる。

洞察力が自分に備わると、何事をするにもコツをつかみやすい。また、既存のものから離れた独特なものを生む契機に触れやすくなる。

そういう洞察力を養うには、どうしても感受性が必要だ。情感を豊かにし、やさしい配慮の心を持っているほうが洞察力を持ちやすい。

さらには、耐え、くじけず、幾度も立ち直り、絶対にあきらめない強靭な精神も必要になる。そして、自分に対しても容赦のない視線が必要になる。

困難がなくては人間は強くなれない

ところで、誰にとっても大きな問題である人生上の選択の決断について洞察すれば、どうなるか。つまり、選択に安易と困難があれば、どちらを選ぶべきか。

洞察は、困難のほうを選べと教えてくれる。

困難に対するのは苦しいことだから、誰しも逃げたくなる。しかし、逃げ続けるのならば、いつまでたっても本物の人生が始まらないことになる。

苦しみがあってこそ本物の人生であり、その苦しみに耐えたり、克服したりすることこそが人生の手応えであり、その喜びは享楽の喜びに比べようもないほどのものなのだ。

ニーチェは自分の人生についてこのように洞察している。

「何度も自問した。私の人生でもっとも困難な年月に対して、私はいっそう深く感謝すべきではないだろうか、と。必然的に起きた困難。それは苦しいものではあるが、高い場所から眺めてみれば、また、人生の差し引き勘定からすれば、そういった困難こそ私にとって有益なものだったからだ」

いくたの困難と危険。それらがなければ、人間はいつまでも強くはなれない。単純な価値観からは不必要にさえ思える人生のしんどさこそが、わたしたちの生命力を強め、より高い喜びを与えてくれるのだ。

こう考えてみよう

人生に必要なのは知識ではなく洞察。
洞察は困難に耐えることから生まれる。

26 人生を愛する

おのれの人生を愛さないのならば、どうしよう。人生はすでに始まってしまったのだから、人生そのものを愛するのが、人生を味わいつくすベストな方法だ。

自分の人生なんてと嘆く人は、今の人生から逃げたがっている人だ。しかし、どこへ逃げようとするのか。熱狂へか。享楽へか。陶酔へか。安逸へか。癒しへか。あるいは死へか。

しかしそれらもまた、死でさえも人生の中にあるのだから、人生から逃げることなどまったくもって不可能だ。

人生はゆったりと全面的に享受するしかない。自分の身に起こったいっさいの事柄を享受し、肯定するのだ。それは人間として気高いことなのだ。

自分の人生のすべてを肯定する

自分の身にだけはつごうの悪いことが起こらず、幸せと良い出会いと潤沢さだけが舞い降りてくるように、と多くの人は願うかもしれない。もしそのようなことがありえるならば、人の生とは言えないだろう。生そのものが成り立たないだろう。

すると、人はやっぱり逃げ場がほしくなり、宿命とか運命とかいったものを信じようとする。何もわからないでいる状態よりも、オハナシでもいいから、ストーリーがほしくなるのだ。

自分の意思ではどうにもならない事柄、なんとも理由がわからない事柄を選んで、宿命とか運命といったカテゴリーへと納めてしまう。そういう傾向をあてこんで、領収書が発行されない商売を開く輩もいる。占い師たちだ。

ところで、ニーチェは運命愛を持つことを勧めている。すると、ニーチェは占い師たちのように運命や宿命を信じていたのだろうか。
そうではない。ニーチェは、人の身の上に起こる事柄を運命と呼んだにすぎない。そして、どんなことが起きようとも、いっさいを受けとめて肯定するようにとくり返し主張したのだ。これがニーチェが強調した運命愛（アモールファティ）と呼んだものだ。

その中心にあるのは人生の全面肯定である。何が起きようとも、「よしっ」というさぎよい態度だ。決断がつらい結果を生んだとしても「よしっ」という態度だ。自分のなすことすべてを肯定する態度だ。

そういう姿勢はバカげているように見えるだろう。何事についてもあれこれと計算し、いつも自分と自分の身内が得になるように効率的に動く人の目からすれば、とても愚かに見えるだろう。
賢く生きようとする人は絶対にそういう生き方をせず、こせこせと計算をくり返し、生涯の収入がどうだとか、自分はどこまで昇りつめたとか考えるのだろう。すると、彼らの人生にはプラスとマイナス、あるいは成功と失敗があるわけだ。マイナスは過失を含め、あってはならなかった事柄全般になる。しかし、それが本当は自己否定だとは気づいていないほど間抜けでもあるわけだ。

何が起きてもひるまず、たじろがず、取り組む

おいしい時間だけを人生と呼ぶのではない。人生はすべてを指す。それなのに、そこになんらかの物差しをあてて測定して人生の結果とするのはあまりにも小さすぎはしないか。それでは人間として卑小すぎはしないだろうか。少年たちがそういう人を見て、素直に尊敬とあこがれを抱くだろうか。

それよりも、何が起きてもひるまず、たじろがず、むしろ不敵な笑みを浮かべて取り組む生き方のほうが人間としても高貴ではないだろうか。

そういう人は、今のこの人生がもう一度そのままくり返されるとしても、ツァラトゥストラのように「よしっ、もう一度」というのだ。

なぜならば、どういう決断をしようとも、まったく悔いがないからだ。すべてを享受するのだから、反省や後悔など起こりようがないのだ。むしろ、人生とはこういうものかとおもしろがるだけなのだ。

それは、人間としてとても気高いことではないだろうか。周囲の人々に人生の尊さと、生きる意欲を我が身をもって教える人ではないだろうか。

こう考えてみよう

自分の身に起こったすべてのことを肯定する。
それが人生を愛することだ。

【参考文献】

アルフォンス・デーケン（阿内正弘訳）『人間性の価値を求めて』春秋社（1995年）
I・フレンツェル（川原栄峰訳）『ニーチェ』理想社（1967年）
オイゲン・フィンク（吉澤傳三郎編）「ニーチェの哲学」『ニーチェ全集　別巻』理想社（1963年）
サニア・ハマディ（笠原佳雄訳）『アラブ人の気質と性格』サイマル出版会（1974年）
ショーペンハウアー（西尾幹二訳）『意志と表象としての世界』中公クラシックス（2004年）
ショーペンハウアー（金森誠也編訳）『存在と苦悩』白水uブックス（2010年）
ショウペンハウエル（河井眞樹子訳）『自殺について』PHP研究所（2009年）
無門慧開（西村恵信訳注）『無門関』岩波文庫（1994年）
ニーチェ『ニーチェ全集』ちくま学芸文庫（1993～4年）
ニーチェ（西尾幹二訳）『この人を見よ』新潮文庫（1990年）
ハヴロック・エリス（山本規雄訳）『ニーチェ入門　生を肯定する哲学』閏月社（2010年）
フェデリコ・バルバロ訳『聖書』講談社（1980年）
フランシスコ会聖書研究所訳注『新約聖書』中央出版社
フランシスコ会聖書研究所訳注『聖書　マタイによる福音書　原文校訂による口語訳』中央出版社（1988年）

ブレーズ・パスカル（由木康訳）『パスカル冥想録』白水社（１９５９年）
ヘーゲル（長谷川宏訳）『精神現象学』作品社（１９９８年）
P・フルキエ（原好男他訳）『哲学講義３』ちくま学芸文庫（１９７６年）
三田了一訳・注解『日訳・注解　聖クラーン』日本ムスリム協会日訳クラーン刊行会（１９７３年）
モーリス・メルロ＝ポンティ（中山元編訳）『メルロ＝ポンティ・コレクション』ちくま学芸文庫（１９９９年）
柳田聖山『達摩の語録』ちくま学芸文庫（１９９６年）
ルートヴィヒ・ヴィトゲンシュタイン（丘沢静也訳）『反哲学的断章』青土社（１９８２年）
ルートヴィヒ・ヴィトゲンシュタイン（木村洋平訳）『論理哲学論考』社会評論社（２００７年）
ルートヴィヒ・ヴィトゲンシュタイン（木村洋平訳・注解）『「論理哲学論考」対訳・注解書』社会評論社（２０１０年）
Geschichte der Philosophie in Text und Darstellung 19.Jahrhundert Herausgegeben von Manfred Riedel Reclam 2000
NIETZSCHE Ecce homo ANACONDA 2007
NIETZSCHE Menschliches, Allzumenschliches The Echo Library 2006
NIETZSCHE Jenseits von Gut und Böse ANACONDA 2006

本書は小社が２０１２年に出版した『生きるための哲学』に２０１０年に出版した『生きるための哲学　ニーチェ［超］入門』の一部を加え、大幅に修正・再編集したものです。

人生がうまくいく　哲学的思考術

発行日　2017年　2月　25日　第1刷
　　　　2017年　3月　20日　第2刷

Author　白取春彦

Book Designer　小口翔平＋三森健太(tobufune)

Publication　株式会社ディスカヴァー・トゥエンティワン
〒102-0093
東京都千代田区平河町2-16-1 平河町森タワー11F
TEL　03-3237-8321(代表)
FAX　03-3237-8323
http://www.d21.co.jp

Publisher　干場弓子
Editor　藤田浩芳

Marketing Group
Staff　小田孝文　井筒浩　千葉潤子　飯田智樹　佐藤昌幸
谷口奈緒美　西川なつか　古矢薫　原大士　蛯原昇　安永智洋
鍋田匠伴　榊原僚　佐竹祐哉　廣内悠理　梅本翔太
奥田千晶　田中姫菜　橋本莉奈　川島理　渡辺基志
庄司知世　谷中卓

Productive Group
Staff　千葉正幸　原典宏　林秀樹　三谷祐一　石橋和佳　大山聡子
大竹朝子　堀部直人　井上慎平　林拓馬　塔下太朗　松石悠
木下智尋

E-Business Group
Staff　松原史与志　中澤泰宏　中村郁子　伊東佑真　牧野類
伊藤光太郎

Global & Public Relations Group
Staff　郭迪　田中亜紀　杉田彰子　倉田華　鄧佩妍　李瑋玲
イエン・サムハマ

Operations & Accounting Group
Staff　山中麻吏　吉澤道子　小関勝則　池田望　福永友紀

Assistant Staff
俵敬子　町田加奈子　丸山香織　小林里美　井澤徳子
藤井多穂子　藤井かおり　葛目美枝子　伊藤香　常徳すみ
鈴木洋子　住田智佳子　内山典子　谷岡美代子
石橋佐知子　伊藤由美

Proofreader　文字工房燦光
DTP　株式会社明昌堂
Printing　大日本印刷株式会社

ISBN978-4-7993-2038-9